数字化时代的
财务数据
价值挖掘

周崇沂 蒋德启 著

本书重点分析了企业数字化转型的核心特征、信息化与数字化之间的联系和区别，财务数字化转型与企业数字化转型的关系，并以数据为核心要素，以数据的产生、加工、应用和价值挖掘为主线，分析企业数字化转型各阶段的主要工作和重点内容，通过一个个来自于实践的场景故事，对数据作为企业核心资产的相关知识进行详细阐述。在此基础上，进一步分析数据价值挖掘支持体系包含的主要业务和主要特征，重点分析财务数字化转型中财务共享中心的作用、财务团队的组织变革，以及各个团队在财务数字化转型中所发挥的作用。

图书在版编目（CIP）数据

数字化时代的财务数据价值挖掘／周崇沂，蒋德启著．—北京：机械工业出版社，2023.3
ISBN 978-7-111-72653-1

Ⅰ.①数… Ⅱ.①周…②蒋… Ⅲ.①企业管理-财务管理-数据处理 Ⅳ.①F275

中国国家版本馆 CIP 数据核字（2023）第 029620 号

机械工业出版社（北京市百万庄大街22号　邮政编码100037）
策划编辑：曹雅君　　　　　　责任编辑：曹雅君　刘林澍
责任校对：韩佳欣　李　婷　　责任印制：常天培
北京机工印刷厂有限公司印刷
2023年3月第1版第1次印刷
170mm×230mm·11.5印张·1插页·142千字
标准书号：ISBN 978-7-111-72653-1
定价：88.00元

电话服务　　　　　　　　　　网络服务
客服电话：010-88361066　　　机　工　官　网：www.cmpbook.com
　　　　　010-88379833　　　机　工　官　博：weibo.com/cmp1952
　　　　　010-68326294　　　金　书　网：www.golden-book.com
封底无防伪标均为盗版　　　　机工教育服务网：www.cmpedu.com

前　言

目前全球已经进入数字经济时代，企业作为经济社会中重要的单元，也必然要进行数字化转型。企业数字化转型的核心是数据，而财务部门具有信息或数据汇集的先决优势，因此企业数字化转型必然要求财务数字化。财务数字化是继会计电算化、ERP 促进的财务业务一体化及财务共享中心之后，财会行业的又一次重大变革，意味着财务由 IT 时代迈向 DT 时代。

随着企业数字化转型的推进，很多人会有疑问：数字化和信息化到底有什么关系？刚开始我们也非常困惑。但随着对企业数字化进一步的认识，对于数字化和信息化之间的关系也有了更多的理解：企业数字化转型就是要用数据驱动企业经营管理的各项活动，也就是要用数据说话。企业绝大部分数据是来源于信息系统的线上数据，所以信息系统建设水平决定了数据的质量。企业通过信息系统收集了大量数据，怎么才能让数据成为有价值的资产、成为驱动经营的要素和决策的依据呢？这就需要在梳理、加工数据的基础上，结合业务需求来应用数据，提供满足需求的数据分析报告。

基于此，本书重点分析了企业数字化转型的核心特征、信息化与数字化之间的联系和区别，财务数字化转型与企业数字化转型的关系，并以数据为核心要素，以数据的产生、加工和价值挖掘为主线，分析企业数字化转型各阶段的主要工作和重点内容，通过一个个来自于实践的场景故事，对数据作为企业核心资产的相关知识进行详细阐述。在此基础上，进一步分析数据价值挖掘支持体系包含的主要业务和主要特征，重点分析财务数字化转型中财务共享中心的作用、财务团队的组织变革，以及各个团队在财务数字化转型中所发挥的作用。

本书由八章组成：第一章侧重于介绍数字时代企业外部环境，以及企业所面临的挑战和机遇；第二章重点分析企业数字化转型的核心特征；第三章介绍了企业数字化转型需要经历的六个阶段和财务数字化转型经历的五个阶段，分析了数字化转型各个阶段的特征，以及企业数字化转型和财务数字化转型之间的关系；第四章到第六章，通过对数据的生产、数据的加工、数据价值挖掘这样一个数据产业链的分析，具体阐述产业链各个阶段的工作、面临的挑战和应对方案；第七章侧重于分析企业搭建起数据产业链需要的支持体系和资源保障；第八章回到财务视角，重点分析在企业数字化转型的大背景下，财务团队在财务数字化转型中应该发挥的作用和财务团队的职能变化，并展望了未来持续变革的趋势。

本书还有一个特点，就是我们通过选取实务中的案例，以案例为触发点，从问题导向出发，通过分析问题、解决问题的过程，引出我们对数字化转型的理解，并总结了解决问题的方法论。我们希望通过真实、生动的案例，帮助读者更好地理解数字化转型的实质、面临的挑战和解决问题的方法。

本书的两位作者都是地地道道的财务人。周崇沂在近 30 年的职业生涯中，做过会计核算、报表编制、纳税与申报、出纳和结算、预算编制等基础性财务工作，也做过集团公司合并报表编制、财务分析、资金债务管理、涉税研究和税收筹划、全面预算管理体系搭建、内控和风险管理体系搭建等财务管理工作，还参与了企业改制重组和海外并购等重大并购项目；近几年带领财务共享服务团队推进集团财务信息化建设，在此基础上进一步推进财务数据和业务数据的融合。蒋德启从事财务工作 30 余年，曾经在大学会计系担任副教授、硕士研究生导师，近十年在多家企业担任 CFO 和董事会秘书。上述工作经历使我们能从更为全面的角度去理解企业财务管理的核心和价值。本书是两位作者多年来工作心得和体会的结晶，希望能够分享给对数字化转型感兴趣、有需求的财务同行们。

  本书的撰写得到了北京财能科技有限公司董事长成艳华先生、副总裁周敬敬女士的大力支持，本书的出版得到了机械工业信息研究院副院长、机械工业出版社副社长陈海娟女士的悉心指导和支持，在此表示衷心感谢！

  学然后而知不足，由于作者的学识与经历有限，本书一定存在缺点与不足，欢迎广大读者批评指正。

周崇沂　蒋德启

2023 年 1 月

目　录

前言

第一章　数字时代企业面临的挑战和机遇 / 001

一、我们已经进入数字时代 / 001

二、数字时代企业面临的市场环境发生了巨变 / 003

三、数字化转型能够助力企业精准高效满足客户需求 / 007

四、企业数字化转型的要素和内容 / 008

五、财务的数字化转型 / 010

第二章　企业数字化转型的核心特征 / 013

一、企业数字化转型的核心特征分析 / 013

二、企业信息化和数字化之间的联系和区别 / 022

三、财务数字化转型和企业数字化转型的关系 / 027

第三章　数字化转型需要经历的阶段 / 030

一、企业数字化转型需要经历的阶段 / 030

二、财务数字化转型需要经历的阶段 / 037

三、数字化是对数据进行生产加工和挖掘的过程 / 043

第四章　数据的生产 / 045

一、企业需要建设哪些信息系统 / 045

二、不同规模企业的信息系统建设需求 / 048

三、信息系统的定位和架构设计 / 054

四、信息系统的协作和集成 / 064

第五章　数据的加工 / 078
　　一、数据质量对数据价值挖掘的重要性 / 079
　　二、数据治理需要考虑的因素 / 084
　　三、企业发展各个阶段的数据治理工作 / 096
　　四、数据的采集和加工 / 098

第六章　数据价值挖掘 / 102
　　一、数据价值挖掘的核心目标 / 102
　　二、数据价值挖掘的 PDCA 循环 / 108
　　三、数据价值挖掘的成功要素 / 112
　　四、数据价值挖掘的难点和突破 / 122

第七章　数据价值挖掘的支撑体系 / 129
　　一、纳入中台的核心业务 / 129
　　二、中台是企业数据价值挖掘的支撑体系 / 137
　　三、企业需要建设的中台体系 / 140

第八章　数字化转型推动财务团队变革 / 144
　　一、财务共享中心的建设推动财务数字化转型 / 144
　　二、财务共享中心的发展和迭代 / 150
　　三、财务共享中心的发展推动财务团队转型 / 162
　　四、财务数字化转型加速推动企业数字化转型 / 171

第一章
数字时代企业面临的挑战和机遇

> **开篇思考：**
> 1. 为什么说我们已经进入数字时代了？
> 2. 数字时代企业面临的市场环境会发生哪些变化？
> 3. 对于企业来说，面对数字时代的市场环境，企业在哪些方面进行改变以适应环境的发展和变化？
> 4. 企业数字化转型的要素和内容有哪些？
> 5. 在企业中，财务的数字化转型会涉及哪些内容？

一、我们已经进入数字时代

1996年，Don Tapscott首次提出数字经济的概念，将其看作网络智能时代由信息和通信技术支撑的经济社会运行新范式。2016年9月，G20杭州峰会发布了《二十国集团数字经济发展与合作倡议》，"发展数字经济、促进全球经济增长、惠及世界人民"成为与会各国的共识。根据《二十国集团数字经济发展与合作倡议》中的定义，数字经济是指以使用数字化的知识和信息作为关键生产要素、以现代信息网络作为重要载体、以信息通信技术的有效使用作为效率提升和经济结构优化的重要推动力的一系列经济活动。

我国政府近年来对数字经济的发展非常重视，2016年至2021年我国关于数字经济的主要政策见表1-1。

表 1-1　2016 年至 2021 年我国关于数字经济的主要政策

时间	政策支持
2016 年 3 月	《中华人民共和国国民经济和社会发展第十三个五年规划纲要》发布，要求把大数据作为基础性战略资源，实施国家大数据战略
2017 年 3 月	政府工作报告首提"数字经济"概念，推动"互联网+"深入发展，促进数字经济加快成长
2017 年 12 月	中共中央政治局第二次集体学习要求构建以数据为关键要素的数字经济，发挥数据的基础资源作用和创新引擎作用，加快建设数字中国
2019 年 8 月	《国务院办公厅关于促进平台经济规范健康发展的指导意见》发布，鼓励发展平台经济新业态，加快培育新的经济增长点
2020 年 4 月	《关于构建更加完善的要素市场化配置体制机制的意见》发布，第一次将数据正式看作与土地、资本、劳动力、技术并列的第五大生产要素
2021 年 3 月	《中华人民共和国国民经济和社会发展第十四个五年规划和 2035 年远景目标纲要》发布，其中"加快数字化发展，建设数字中国"单独成篇，在顶层设计上彰显国家对数字经济的发展决心和支持力度
2021 年 3 月	政府工作报告明确国家支持平台企业创新发展，增强国际竞争力
2021 年 10 月	中共中央政治局就《把握数字经济发展趋势和规律，推动我国数字经济健康发展》进行第三十四次集体学习，要求做好我国数字经济发展顶层设计和体制机制建设

2022 年 12 月，中共中央、国务院联合下发《关于构建数据基础制度更好发挥数据要素作用的意见》，进一步全面、系统地为数据要素更好发挥作用，推动数字经济发展、增强经济发展新动能、构筑国家竞争新优势进行了全面部署。

作为经济运行主体的企业，在数字经济的大背景下，也必然要进行数字化转型。数字经济包括数字产业化和产业数字化两大部分。2021 年 6 月，国家统计局发布《数字经济及其核心产业统计分类（2021）》，按照"数字产品制造业（01）""数字产品服务业（02）""数字技术应用业（03）""数字要素驱动业（04）""数字化效率提升业（05）"五大类进行统计分类。其中，前四类被称为"数字经济核心产业"，基本对应于"数字产业化"；第五类则大致对应于"产业数字化"。

中国信息通信研究院发布的《中国数字经济发展白皮书（2021）》显示，2020年我国数字经济规模达到39.2万亿元，增长9.2%，占GDP比重为38.6%，数字经济已经成为我国经济高质量发展的重要驱动力。

二、数字时代企业面临的市场环境发生了巨变

我们已经进入数字经济时代，企业生存的市场环境会发生怎样的变化呢？我们先从一个场景故事开始说起……

场景故事1-1 公司该不该进入定制化市场？

A公司是一家电梯生产厂商，这天在公司的会议室里，几个主要部门正在讨论公司生产经营和发展的问题：

最先发言的是**市场部经理**，市场部经理说现在电梯市场出现了分化，标准化的电梯产品的市场份额是下降的，但是定制化产品的市场份额却是上升的。所以公司现在应该尽快研究是不是应该进入定制化市场了。

销售部经理听了市场部经理的发言，表示同意市场部经理的意见，他说最近拜访客户，从客户的需求看，目前很多客户对电梯的定制化特别

感兴趣，而且定制化电梯的售价比标准电梯高出五成以上。如果公司要进入定制化产品市场，竞争力就会大幅度提升。另外，老客户对产品的设计生产过程也是非常关注的，希望公司能够在线上给他们提供一个这样的服务，不知道公司有没有办法来解决这个问题。

销售部经理说完之后，**生产运营部经理**说，公司现在的产品体系是一个标准化产品的设计体系，所以采购的原材料都是标准化的原材料，如果要进入定制化市场，一方面，研发团队要非常给力，能够做很多设计方案，并能够推进产品批量生产；另一方面，公司要考虑一下原材料采购是否要做定制化采购，还是继续采用标准化采购方式。既要用标准化采购，又要生产定制化的产品的话，对设计要求是很高的。同时要进入定制化市场，还要满足向客户进行敏捷的交付，公司能不能做得到？

采购部经理说，目前公司都是生产标准化的产品，所以采购都是标准化、大规模的原材料采购，如果要做定制化的采购，原材料的成本就会比较高，就会吃掉定制化产品可能带来的一些超额利润，那么公司就要考虑能不能用标准化的采购和定制化的生产输出定制化的产品，其实这就对产品设计和研发提出了非常高的要求。

研发部经理表示，开发定制化产品，公司需要在研发方面做很多的投入，如果投入充分，研发部门还是很有信心能够满足公司要求的。但是要做研发投入，到底要投入多少资源、多少人？投入多少时间？希望公司能给出一个模型，来解析产品的需求，测算研发人员到底应该投入多少？

> 这个时候大家都看着**财务部经理**,财务部经理就很头疼,说公司目前的财务系统仅仅和生产系统做了一个集成,但是集成目标是满足出报表的,部门基于财务基本需要进行了数据的交互,没有针对潜在的商业机会进行测算的任何模型,而且没有市场数据,同时对人工成本的测算也没有细化到每一个人员,很难把研发人员的投入按人按天来进行计算,这个要求没办法实现。

从这个场景故事中,我们思考一下:A 公司是不是一定需要进入定制化市场?很显然,在数字经济时代,市场环境发生了很大的变化,从消费者的角度看,购买一件商品时不仅仅关注商品满足的功能性的需求,消费者会更关注商品带来的情感上的满足。

举一个"小朋友过生日"的例子,20 世纪 60 年代,在生日的时候,妈妈会给小朋友做一碗带鸡蛋的手擀面,平时吃不到这么好的面,过生日带给小朋友的,是那碗香喷喷的能够解馋的手擀面;到了 80 年代后,妈妈会给小朋友买一块奶油蛋糕,过生日带给他的,是香甜漂亮的奶油蛋糕带来的满足感;现在小朋友过生日,妈妈会组织一个生日会,生日会上有各种好吃的,当然会有生日面和奶油蛋糕,但还会有好听的音乐、精彩的节目、其他小伙伴的祝福和精致的礼物,对于小朋友来说,生日会上的好吃的平时也经常吃到,过生日已经不是单纯为了吃吃喝喝,留给他最深印象的是生日会上的音乐、朋友们的祝福、妈妈的笑脸和拥抱。很多年后,回想起年少时的生日会,都会有一种久违的温暖感,这种温暖感才是生日会最大的亮点。所以,现在的市场环境下,对于消费者来说,需要的不只是商品本身的功能,更多的是一种情感上的满足。

为什么消费者的消费理念会发生这样的变化，是因为我们社会的主要矛盾已经从人民日益增长的物质文化需要同落后的社会生产之间的矛盾，转化为人民日益增长的美好生活需要和不平衡不充分的发展之间的矛盾了；一方面市场上满足功能性需求的产品和服务已经供大于求了，但另一方面消费者仍觉得目前的产品和服务不能很好地满足自己的需要，而这种需要恰恰是一种个性化的需求，更偏重于情感满足。

数字时代的消费理念已经发生了变化，这种变化会从C端消费者逐步传递到B端企业，企业只有适应这种变化，同步调整自己的价值链，才能在数字时代生存和发展。

如图1-1所示，传统企业需要先打造自身的资产和核心能力，然后结合自己的能力确定需要投入的资源，进一步确定自己的核心能力能够生产什么样的产品、提供什么样的服务，再进一步打造自身的销售网络、拓展自己的销售渠道，将产品和服务推送给我们的客户。这是一种传统的从内而外、从自身到市场的价值链。

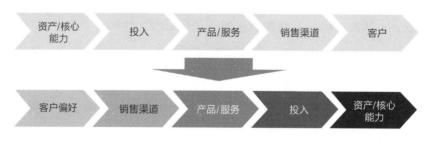

图1-1　企业价值链转变图

这种传统价值链的模式已经不能适应数字时代的市场环境了。当前环境下，企业需要先研究市场、研究潜在客户的偏好，确定自己的目标客户，再确定通过什么渠道能够触达目标客户，进一步明确需要给客户提供的专属产品和服务，研究生产产品和服务需要投入的资源，如果资源不足，还要确定筹资的方式和渠道，最终确定企业需要投入的资产和需要打造的核心能力。这是一种现代价值链模式，是从市场研究、客户研究、目标客户确定开始的，从外向内、从市场到自身的价值链模式，也是以客户为中心的价值链模式。企业的产品和服务要打动客户，仅仅关注产品服务的功能显然不够，需要关注客户，与客户的内心产生共鸣，从情感上打动客户，因此满足客户个性化的需求也成为非常重要的条件了。

三、数字化转型能够助力企业精准高效满足客户需求

工业化时代带来了前所未有的规模化制造，但降低成本和满足个性化需求这一对矛盾在工业时代是很难被解决的。在数字时代，规模化定制正在成为现实。传统企业中，ERP、MES、PLM等管理系统的数据是不能互联互通的，不同生产线的工艺控制软件也不一样，一条生产线要从生产A产品切换到生产B产品，就必须先停产，然后花一两天的时间，人工重新配置各种参数，不仅效率低，还很容易出现差错。这种运行方式在大批量、长时间生产一种产品的情况下是没有问题的，但在以客户体验为核心的数字时代，要求产品快速迭代，也就要求企业必须根据市场需求及时调整生产计划，快速完成产品生产，这就要求企业从产品设计和优化，到生产计划，到物料信息，再到生产工艺流程，实现不同维度的数据、指令的有效衔接，能够将数据和指令快速地编排、配置到生产线的工艺系统中。只有数字化企业实现了全部业务的系统化和线上化，打通了系统之间的壁垒，实现了全量、全要素数据的实时连接，才能将生产工艺、原材料、半成品和产成品模块化和组件化，从而实现从设计方案到产品生产的模块组件可配置、可组合，使得整个企业

可以实现快速设计、快速配置和快速响应客户需求的目标。

企业实现了产品迭代,将新的产品销售出去后,还需要通过经营数据分析产品销售情况,以及迭代后产品对企业的贡献。传统做法是业务部门提出需求给 IT 团队,业务部门需要什么,IT 团队就提供什么,从获取数据到建模再到设计报告,都需要专业的 IT 人员全程参与。这种方式的问题就是当企业需要利用数据分析进行经营决策的时候,从采集数据开始到最后拿到分析报告的周期是很长的,拿到报告的时候,市场和业务早已经发生了变化,拿到的分析数据都是滞后的,这样的分析报告对于决策自然是没有价值的。数字化企业会把数据打通并进行聚合,开发自助数据应用平台,将数据应用方法和能力模块化,就像是最小颗粒度的乐高积木块,每一个模块都是单独的分析模型,解决一个特定问题,将数据和方法模块放在平台上,让不同部门、不同场景、不同区域的业务人员在需要数据支持的时候,都能通过自助平台获得数据,利用应用方法模块进行数据分析,并灵活组合形成分析报告。这样就能实现数据的及时应用,指导企业的经营和决策。

工业时代有一个"不可能三角",一家企业很难在产品好、服务好的同时做到效率高且价格低,这几个方面是很难兼顾的,但在数字化企业中,这个"不可能三角"就成了可能,好产品、低价格和优质的服务是可以兼得的,得益于工业时代带来的规模化生产能力,数字时代,企业就可以以工业化的规模,为每一个客户量体裁衣。

四、企业数字化转型的要素和内容

前面我们分析了数字时代企业面临的挑战和企业数字化转型的必要性,

那企业数字化转型的主要内容和核心要素有哪些呢？

企业数字化转型是指企业通过信息、计算、沟通和连接技术的组合，重构产品和服务、业务流程、组织结构、商业模式和合作模式，旨在更有效地设计企业商业活动的过程，从而帮助企业创造和获取更多价值。

企业数字化转型包含三个要素：一是数字技术，即信息、计算、沟通和连接技术的组合，以大数据、物联网、云计算、人工智能、区块链等为代表；二是转型范围，包括产品和服务、业务流程、组织结构、商业模式、合作模式等；三是转型结果，不同于企业信息化转型利用数字技术支持企业已有的价值主张，企业数字化转型是利用数字技术创造新的价值主张。

在政策层面，2020年8与21日，国资委发布《关于加快推进国有企业数字化转型工作的通知》，其主要内容包括以下几个方面：

1. 加强对标，着力夯实数字化转型基础

一是企业需要利用新型数字技术建设适合企业需要的基础数字技术平台；二是企业需要建立系统化的数字化转型的闭环管理体系和机制；三是企业需要构建覆盖全业务链条的数据采集、传输和汇聚体系，包含数据治理组织架构、数据采集、治理、定期评估复盘的机制，构建数据场景化应用的能力；四是提升数据的安全防护水平。

2. 把握方向，加快推进产业数字化创新

一是企业需要推进产品和服务的数字化改造，以数字化思维和手段不断创新产品和服务；二是企业需要推进生产运营的智能化，加快建设推广共享服务中心，推动跨企业、跨区域、跨行业集成互联与智能运营；三是推进用

户服务敏捷化，加快建设数字营销网络，实现用户需求的实时感知、分析和预测，建设敏捷响应的用户服务体系，提升用户全生命周期响应能力；四是推进产业体系生态化，推动供应链、产业链上下游企业间数据贯通、资源共享和业务协同，提升产业链资源优化配置和动态协调水平，加强跨界合作创新，加快构建跨界融合的数字化产业生态。

3. 技术赋能，全面推进数字产业化发展

一是加快新型基础设施建设，二是加快关键核心技术攻关，三是加快发展数字产业。

五、财务的数字化转型

企业数字化转型的核心是数据，而财务部门具有汇集信息或数据的先决优势，因此企业数字化转型必然要求财务数字化转型。

财务数字化是充分运用"大智移云物区"等数字技术实现对企业经营相关信息的采集与加工处理，提取有价值的数据进行转化与存储，并结合企业内外部环境的变化和业财融合的需要，输出数据进行价值决策的过程。这一定义实际包含两个层面的含义：一是较为狭义的理解，即财务部门运用数字技术实现了原有职能业务从线下到线上的转化，主要在于实现流程自动化和数据采集与加工效率的提升；二是较为广义的理解，即基于财务数字化体系的搭建，实现企业内外部信息的获取、转化与存储，并在业财融合的基础上，通过职能间的协调配合，打通数据孤岛，完成数据的价值决策与价值实现过程。

本书认为财务的数字化转型是广义的数字化转型，具体包含以下几个层面：

一是通过新技术的应用，解决传统财务面临的难题，突破财务管理的资源瓶颈，推动财务实现智能化、精细化、细粒度管理。

二是以财务系统为核心，有效联结传统、分散搭建的业务系统"烟囱"，实现广义的业财融合，以财务数字化转型带动企业整体数字化转型发展。

三是以财务系统为中心，整合其他业务系统资源，形成内部数据和外部数据的归集，让财务成为数据的加工方，成为数据汇聚、管理、共享、分析、决策的关键节点。

四是不断探索应用数字技术与财务场景的智能融合，实现从传统的事后核算向智能识别、实时自动核算、自动记录、自动报送和智能稽核的转变，并充分利用数据优势，主动赋能业务，支持业务发展并实时监控运营风险，财务团队的工作重心逐步从业务操作向战略布局、规则设计、运营支持和异常预警等方面转变，实现从财务信息化到财务数字化的转变。

五是业务流程上实现从流程驱动到数据驱动的转变，组织结构上由传统的科层级管理变为平台化的扁平架构，运营模式上以财务场景的智能化实现决策支撑的实时、动态管理，管理思维上从价值记录者向价值创造者转变。

财务数字化转型是企业数字化转型战略的重要组成部分，回归企业的价值本质，财务管理的最终目的是推动乃至引领企业的价值创造。财务以数字技术为支撑，赋能业务部门，挖掘潜在的数据价值，支持业务创新和发展，不断推进企业提质增效。

基于以上描述，数字时代业财融合的数据价值挖掘体系如图1-2所示。

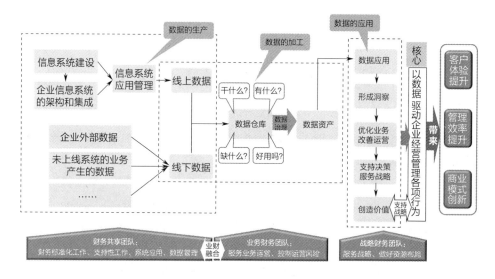

图1-2 数字时代业财融合的数据价值挖掘体系

数字时代，企业的数字化转型实质是通过建立起数据生产、数据加工和数据应用的数据产业链，实现以数据驱动企业经营管理各项行为的目标，促使企业实现客户体验提升、管理效率提升和商业模式创新。数据价值的挖掘一定是在全量全要素数据连接基础上的价值挖掘，也是广义业财融合下的数据价值挖掘，需要财务团队从组织架构上、业务职能上转型才能有效实现。

第二章
企业数字化转型的核心特征

> **开篇思考:**
> 1. 企业数字化转型最核心的目标是什么?要实现数字化转型,需要在哪几个方面发力?
> 2. 企业的信息化是否等于数字化?它们之间是什么关系?
> 3. 财务数字化转型是不是企业数字化转型的一部分?实际中,哪个在前、哪个在后呢?

一、企业数字化转型的核心特征分析

近年来,以移动互联网、物联网、云计算、大数据为代表的现代数字技术正在影响甚至颠覆传统行业,在数字时代,数字化转型正在成为破解各行业发展瓶颈的一把金钥匙,也成为了加快各行业发展的重要手段和有效途径。

提起企业数字化转型,其实我们会有很多的问题,比如:什么是数字经济?数字经济有哪些特点?数字经济时代企业面临着哪些挑战?企业为什么需要进行数字化转型?数字化到底是不是信息化,它们之间的关系是怎样的?企业都在搭建数字中台,为什么要搭建数字中台,数字中台到底是什么?如果企业要数字化转型,需要具备哪些资源?数字化企业到底具备哪些特征?而作为数字化企业里的财务人员需要发挥什么样的价值?要想切实发挥价值又需要具备哪些能力？数字化转型过程中，财务的职能会发生哪些变化？

我们就先从一个场景故事"应该给客户多少授信额度？"开始讨论：

场景故事 2-1　　应该给客户多少授信额度？

B公司是A公司的一个非常重要的大客户，A公司特别重视和B公司的合作，每年A公司都会和B公司进行多次客户交流活动。这一天B公司向A公司提出了增加授信额度的需求，希望A公司将其授信额度从200万元增加到300万元。

A公司销售部门觉得B公司这么重要的大客户提出的需求，公司是一定要满足的，于是他们就向公司授信管理部门提出了授信需求，但是授信申请最后到公司老板审批的时候，老板却提出了这样几个问题：

1. 公司目前的资金状况怎样？

2. 公司能承受的总授信额度到底是多少？

3. B公司对公司销售的贡献有多大，销售占比和利润贡献占比分别是多少？

4. B公司自身的资信情况怎样？

5. B公司以往销售付款情况怎样？

6. B公司的业务能不能给公司的其他业务带来协同效应？

听到老板问的这六个问题，公司的销售部门很迷惑，不知道到底应该怎么回答这些问题，这项工作也就推进不下去了。

通过这样一个场景故事,我们来思考这样几个问题:

1. 老板为什么要问这些问题?他是不是需要通过这些问题的答案得出结论并做出决策?

2. 我们分析问题,看看老板到底想要从问题中得到哪些信息?

3. 公司的销售团队不能回答上述问题,如果老板找财务帮忙,财务团队能不能给他提供帮助呢?

4. 如果你是 A 公司的 CFO,你的团队能不能给销售团队提供帮助,如果没有办法提供帮助,那么问题可能出现在哪里呢?

5. 我们再思考一下,这个场景故事其实是一个典型的业财融合方面的场景故事,它和企业的数字化转型有没有关系?为什么要在数字化转型内容中提到这个问题呢?

首先我们来分析一下老板的这六个问题,看看他到底想知道什么?

第一个问题是:公司目前的资金状况怎样? 其实老板想要知道这两方面的内容:一是公司现在的资金状况充不充裕,能不能满足现有业务发展的需要;二是公司如果有新的业务要发展,还需要更多的资金的时候,公司的资金能不能支持未来业务发展的需要,如果没有,是不是有更多地拓宽融资渠道的方法。

第二个问题是:公司能承受的总授信额度到底是多少? 其实老板想要知道的是公司能够接受的最大的资金占用额度是多少,我们大家都知道应收账款、应收票据、存货,还有我们预付给供应商的货款都会占用业务资金,同时供应商方面还有我们没有完成付款的应付账款,这可以增加一定的资金来源，老板就是想要知道在这样一个整体资金占用的额度中，应收账款部分的占比和具体额度是多少，同时在整个应收账款额度中能够切给 B 公司多少授信额度。

第三个问题是：B 公司对公司销售的贡献有多大，销售占比和利润贡献占比分别是多少？ 老板是想从这个问题中了解分客户的业务量、收入、成本和利润的占比分别是多少；我们再深入想一想，分客户的业务量和收入数据从销售端的业务数据中应该是可以采集到的，但是分客户的成本数据和利润数据就比较难了，取决于 A 公司核算的颗粒度是不是涵盖了对应的维度。老板要了解分客户的业务量、收入、成本和利润数据，在这个基础上，他就能够了解 B 公司的数据，B 公司对公司的业务量贡献、收入贡献和利润贡献。其实老板就是想知道 B 公司是不是 A 公司的一个高附加值的客户。

第四个问题是：B 公司自身的资信情况怎样？ 我们设想一下，我们借给别人钱的时候，一定会考虑借款方有没有还款能力，最直观的就是要看看对方的资信情况。对于一个公司来说，给客户发放授信额度的时候，也一定需要知道客户的资信情况怎样，避免出现刚放了授信，客户就倒闭的被动局面发生。B 公司的资信情况，可以通过 B 公司的财务报表了解其资本结构、财务状况、经营情况等方面的信息，A 公司能够根据 B 公司的财务报表对其授信方案提出一些建议。

第五个问题是：B 公司以往销售付款情况怎样？ 其实老板想要知道的是 A 公司分客户的收付款记录，通过付款记录对客户的付款情况进行分析，在此基础上，分析 B 公司的付款情况，进而对 B 公司的履约资信情况进行一个评价。

第六个问题是：B 公司的业务能不能给公司的其他业务带来协同效应？ 其实老板想知道的是如果给 B 公司提供了授信额度的支持，B 公司的业务是不是具有协同性，能否带动公司其他业务的协同发展。老板想要销售团队来预测和判断，或者多部门协同分析，看看 B 公司的业务能不能给 A 公司其他业务甚至采购业务带来一定的协同支持。

我们分析了老板问的六个问题，从中拆解出了老板想要知道的 11 个方面的内容，这 11 个方面的内容，很多都是跟财务相关的，其中至少有十个问题是直接相关的，只有最后一个问题是财务团队需要业务部门提供支持之后，通过测算来分析回答的。

那么财务团队能不能提供这方面的支持呢？在现实的工作中，往往还是有困难的。比如，在全面梳理财务数据体系后，我们可能发现在财务数据体系里，我们并没有统计分业务、分客户的资金占用情况，可能只有总的流水数据，要统计分业务、分客户的资金占用情况就非常困难，所以没有办法从现有的财务数据中直接找到 B 公司资金占用的数据；再比如，我们的财务数据里可能有分业务、分客户维度的收入核算数据，但是成本核算往往是按照成本中心和成本项目两个维度来进行核算的，可能没有把成本数据分解到具体的业务维度和客户维度，因此我们也就没有办法准确快速地提供出 B 公司的收入效益贡献数据；另外，我们的财务核算可能并没有分客户维度的收付款记录，需要对全部的收付款记录进行回查，才能计算并提供 B 公司的付款情况。这里大家可能就会有一个疑问，付款记录这些流水还不能很快地查出来吗？其实实际工作中的场景是比较多，也是比较复杂的，有时候客户会有很多种业务，甚至可能有各种协同业务，客户在付款的时候会进行合并付款、轧差支付等，这就需要我们分别拆解付款信息，才能得出 B 公司对某项业务的一个付款情况，这也是需要时间的；还有，即使 B 公司愿意提供财务报告，让我们财务人员进行手工授信评价，也至少需要一周的时间才能分析测算出授信建议。因此，对财务团队的要求在现实业务中还是很高的。

那么我们能不能用一些手工的方法去克服困难、解决问题呢？答案是肯定的，但是还是会有一些问题。比如，我们用手工计算的方法，速度比较慢、效率比较低，经常出现我们对交付出来的数据进行分析以后，业务端的窗口期就错过了，也就是客户跟别的供应商进行合作了，我们就失去了机会和客户；再者，手工计算需要重新设计数据归集和数据分摊的规则，我们把成本分摊到不同的业务和不同的客户维度，需要进行规则设计，而这个规则往往都是在线下由具体的财务人员进行计算和自行存储的，没有通过系统进行固化，当出现人员变动的时候，就很可能导致测算规则不能很好地进行知识转移，使得每次测算的规律都会变动，从而影响数据的质量；还有，用手工采集和计算数据，采集环节的数据质量可能会有一定问题，计算出来的数据就更没有准确性的保证，最终影响测算结果的质量；最让人头疼的是，我们可能从不同渠道采集到不同的数据，在进行数据梳理和加工时，我们会发现这些数据在口径上存在重大的差异，如果我们用采集来的数据直接计算，计算结果肯定不准确，但是要对数据进行梳理、清洗、优化，可能需要投入很多人力，也需要很长的时间，最终没有办法在规定时间内给业务部门提供相应的数据支持。上述这些情况都会导致我们的财务团队不能很好地发挥出对业务的保障作用和对经营决策的支持作用。

我们再思考一下，为什么要在数字化转型主题下讲这个场景故事呢？这是因为老板提出了这些问题，说明他对授信管理的认识已经与时俱进了。传统的客户授信管理就像故事刚开始的时候面对 B 公司的销售经理所想的那样，他根据经验判断 B 公司是 A 公司的大客户，B 公司提的所有要求 A 公司都认为是非常合理的、一定要满足的，也就是必然要给它增加授信。而且销售经理会根据和 B 公司沟通过程中的经验进行判断，B 公司这段时间业务量快速增长，公司的人员都忙着做业务，业务运行情况非常好，所以 B 公司的资信情况也应该会很好，因此更坚定地要给 B 公司增加授信额度。但是现在，当我们要求决策更加精准的时候，我们就会发现，原有的授信管理方式已经不再适用了，老板想要知道更多更细的信息辅助决策，就像刚才我们拆解出来的 11 个问题，老板在进行客户授信决策的时候，他要进行几个层面的思考：

第一个层面他要看自己，也就是公司自身的风险承受度有多大，这里包括自己公司的资金状况、公司能够承受的最大额度是多少、需要切割多少额度给应收账款，又能够给 B 公司多少额度。

第二个层面是他要看客户，一是看看客户的资信情况怎样，有没有很大的风险；二是看看客户的业务贡献情况，判断客户是不是一个高附加值的客户，因为授信额度是企业的核心资源，核心资源本身就是能够创造价值的，一定要分配给高附加值的客户；三是要看客户的履约情况，这个客户是不是诚实守信，比如说我们要给客户 30 天账期的授信额度，但这个客户总是在 45 天后再付款，那么实际上 30 天的授信额度就被放大了 1.5 倍，也就是给客户变相地增加了授信额度；四是看客户的发展变化，这个客户是我们的高附加值客户，随着我们公司的业务发展变化，我们需要持续跟进，看看它还是不是一个高质量的客户，同时客户也在不断地发展变化，它的资信情况有没有什么变化，是不是存在潜在的风险等。

上面所有这些分析都不是定性分析,而是需要量化分析的。所以**老板要的是用数据驱动客户授信的决策**,也就是数字化的客户授信管理。而如果我们的财务提供不出这些数据,或者是说我们每一次提供这些数据都要用手工进行测算的话,一是不准确,二是效率低,三是质量没有保证。

通过这个场景故事,我们可以得出这样一个结论(如图 2-1 所示):**数字化企业有一个非常核心的特征,就是要用数据去驱动企业的经营管理和决策行为**。要实现用数据驱动的目标是非常不容易的,我们需要在以下三个方面去发力:

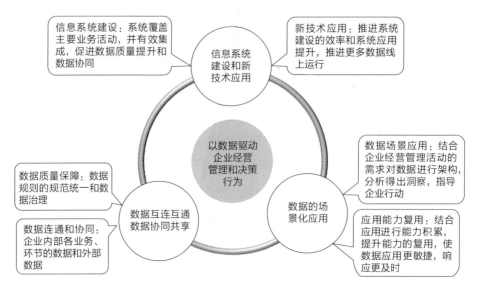

图 2-1 企业数字化转型的核心特征图

一是信息系统建设和新技术应用。要做好信息系统建设和新技术的应用,我们需要做两方面的工作。第一个方面就是我们要用信息系统去覆盖公司主要的业务活动,也就是说我们希望公司主要的业务活动都能有效地在线上运行，就是要让更多的流程和数据上线，就好像是我们要让数据到高速公路上运转，能够大幅度地提升效率。第二个方面就是新技术的应用，我们要借助新技术的应用，不断开发出新工具和新功能，推动系统建设效率和整个系统运行效率的提升，就好像我们不断地优化高速公路的质量和线路，让上面运行的数据跑得更快。

二是要实现数据互联互通和协同共享。要实现数据的互联互通和协同共享，非常重要的一点就是我们的数据质量需要不断提升，要做到数据规则的规范统一和数据的有效治理，要让数据口径清晰，让企业数据实现纵向统一，使数据纵向可比。在数据质量不断提升的同时，我们再通过数据管理打通数据的边界，让数据横向能够协同起来使用，实现企业内部各个部门、各个环节的数据连通和内部数据与外部数据的连通，最终为企业的数据应用打好基础。

三是数据的场景化应用。信息系统建设和数据的质量提升是数据应用的基础，在基础夯实了之后，我们就要通过数据的场景化应用来指导公司的决策。有时候我们有了数据，但还是不能很好地发挥数据的作用，这是因为我们没有办法把这些数据和实际业务场景有机地结合起来，我们应用数据的目的不是就数据而论数据，而是要通过数据来解决企业经营中的很多实际问题，因此我们需要结合企业经营活动的实际需求，对数据进行解构和分析，找到数据背后的动因，形成洞察，指导我们的实际业务行动。还有一点非常重要，就是我们的数据分析需要持续输出有价值的洞察，为此我们要做好数据应用能力的积累，通过数据应用能力的复用，来实现效率的提升，持续输出数据场景化的应用。归纳一下，好的数据应用需要以需求为导向，要和实际的业务场景结合起来，要通过应用能力的积累和复用提升数据应用的效率，最终满足经营和管理的需求。

二、企业信息化和数字化之间的联系和区别

从前面的分析里，我们知道企业数字化转型的核心特征是让数据驱动企业的经营、管理和决策。从信息化到数字化，我们怎么才能让数据发挥作用呢？我们先来看看图2-2。

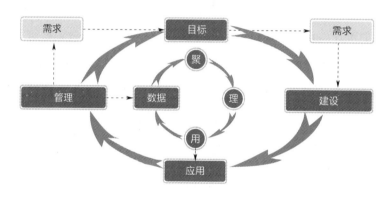

图2-2 企业信息化建设双循环图

图2-2的起点在左边，企业要经营发展，就会有管理的需求，结合管理需求企业就会提出建设相关信息系统的目标，确定了这个目标后，我们就要开始系统建设。首先是需求调研、需求梳理和需求解析重构，图2-2中左侧的需求和右侧的需求虽然都是需求，但是它们的内涵是不同的。左侧的需求是管理者提出来的业务需求；右侧的需求是设立目标后，技术团队和业务团队在密切配合的前提下，结合系统建设形成的需求方案和系统功能设计。只有项目蓝图（右侧的需求）和系统蓝图确定好之后，我们才能开始系统的建设。在实际工作中，常常会出现这样一个问题，就是左侧的需求和右侧的需

求存在很大差异。项目建设前期,大家会把大量的精力投入到设定目标、项目立项这个环节,而项目真正启动后,业务团队认为后面的工作都是技术团队的事情了,系统需求调研、系统架构设计和功能设计全部交给了技术团队,导致这个环节业务团队的缺位,使右侧的需求和左侧的需求不一样。这样建设系统,到了系统功能已经开发完成后,业务团队在测试环节就会发现很多的问题,导致系统建设又被退回去,不停地打补丁,这个问题是在系统建设中常常出现的,也是技术团队永远的痛。系统建设完成、上线运行以后,需要特别关注的一点是要加强系统的应用管理,有效的系统应用管理,会让系统功能目标得到有效实现。这个就是图2-2中第一个外部的信息系统建设的闭环,也就是"外环"。

但是要想真正地实现从信息化向数据化的过渡,光有外面那一个信息系统建设的闭环是远远不够的,我们还要让在系统上跑的数据能够真正地对我们的管理和决策发挥作用。我们需要把数据聚起来,对数据进行一定的梳理、清洗和加工,之后把数据用起来,让数据真正地发挥起作用,服务于我们的应用,这就是图2-2中数据应用的闭环,也就是"内环"。这个环是实现数字化的关键,但是没有外环,内环就很难实现,所以外环是数字化的基础工程,图2-2就非常清楚地说明了从信息化到数字化的过程中是怎样让数据发挥作用的。

在前面的分析中,我们讲到了信息化,也讲到了数字化,那企业的信息化和数字化之间到底是什么关系呢?

在企业信息化阶段,我们的核心是做信息系统建设,要让主要的业务全部通过系统建设实现线上运行的目标,这也就意味着我们需要建设多个业务信息系统,比如业务系统、财务核算系统、投资管理系统、客户管理系统,采购管理系统、生产运营系统、人力资源管理系统等。上线这些系统的核心目标是要实现业务流程化，流程线上化，进而实现数据线上化。这个过程的实质就是一个数据生产的过程，也就是说数据线上化的过程。

企业的数字化转型，核心是要充分发挥数据的价值和作用，让数据驱动经营管理和决策，也就是要充分使用在线上跑的各类数据。因此在已经上线的各类业务信息系统之外，我们还需要上线一些数字化工具和系统，核心是要把信息系统建设之后的线上数据采集出来、汇聚起来，对这些数据进行梳理、加工、清洗，让数据成为可用的资产后，再通过数据应用进行数据的价值挖掘、价值传递，真正地让数据去服务于决策。这个过程就是使用数据的过程。

如图2-3所示，从信息化到数字化是一个逐步过渡的过程，是一个从生成数据到使用数据的过程。信息系统建设是上游，数字化转型是下游，也可以说信息系统建设是夯实基础，而数字化转型是我们在此基础上让数据产生价值的一个过程。

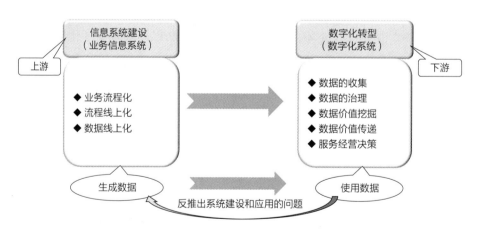

图2-3 企业信息化和数字化关系图

信息化不等于数字化，信息化是前端、是基础，对信息系统一些功能化的运营管理不是数字化，在企业整个运营过程中，传统的组织结构都不等于数字化。数字化不是一个纯技术的转型和变革，它的背后是数据的高效运行，是企业内部各部门、各环节的高度协同，同样也是各类数据的高度协同，是数据质量的提升和数据价值的挖掘。要实现数字化转型的目标，需要对企业的战略定位、组织架构和企业文化等多个方面做全方位的变革和升级，才能有效支撑数字化变革的体系。所以企业从信息化到数字化的过程，也是一个企业整体变革的过程，绝不是仅仅上一两个数字化系统就能实现的。

从上面的分析可以看到，信息化的核心是建设信息系统，让更多的业务上线运行，不断提升业务的运行效率，信息系统建设的动力是企业自发产生的，企业从自身需求出发，为了不断提高自身效率而推进这项工作，其涉及的业务范围是企业内部的各类业务。信息系统建设的过程是通过对内部业务的流程梳理、流程优化、流程重构，通过系统建设让优化和重构后的流程固化，并在线上运行，实现提高效率、提升质量的目标。大多数企业目前的组织架构是一种传统的按照业务职能分工的科层制组织架构，各个信息系统的建设往往是从专项业务本身出发的，通常考虑本系统涉及的流程和功能，在系统定位和横向协同方面的考虑得比较少，系统建设完成后尽管提升了单项业务的效率，但横向衔接上往往存在一定的问题，系统运行形成的数据也很容易形成一个个的数据孤岛。

在本书的第一章中，我们讲到了一个场景故事"公司该不该进入定制化市场？"。关于故事的主角A公司是不是需要进入电梯定制化市场，在分析数字时代的市场特点后，我们得出了A公司需要进入定制化市场的结论。数字时代的市场环境发生了很大变化，企业的生产经营必须以客户为中心，企业所有的行为都要围着客户来转，在这种情况下，企业的使命、包括企业数字化转型的使命都是以为客户创造价值为中心而发展起来的。企业需要为客户提供极致体验，这包含了场景故事中A公司开发定制化电梯产品，也包括我们的信息系统需要满足各类用户的需求、提升用户体验。信息系统建设一方面需要满足业务操作人员提升效率的需要，另一方面也需要满足公司管理者的决策支持需要，所以我们也需要非常注重数据分析、数据测算和数据洞察，这就需要结合业务实际，搭建一个个的场景化的模式来应用数据，服务于决策需要。要实现这样的目标，企业内部需要加强系统的横向衔接和协同，将一个个单一系统串联成一张网，同时也需要为企业的客户和供应商开放系统平台，将信息系统转化成生态系统。这样就能实现系统数据的内外部协同，有利于通过数据应用挖掘出数据的价值。当然，要实现这样的目标，企业的组织架构也会重构，形成一些灵活的去中心化的共享组织，最终形成更适应企业数字化转型的组织架构。

归纳一下，如图2-4所示，企业的数字化转型，要通过信息系统的建设和数字技术的应用来实现数据的采集、数据的传输和数据的存储，在此基础上对数据进行治理，并且充分应用数据，让数据发挥作用，影响经营管理的各项行为，形成一系列的行动，通过这些行动，使企业能够快速感知外部的一些信息，能够做到对外部市场的变化有一个快速响应，更好地服务企业的客户；同时通过组织协同、系统协同和数据协同，实现企业内部组织的高效协同和智能运营，使工作效率得到大幅度提升。因此，数字化转型的目标就是打造企业高效的神经系统，让企业对于外部变化响应做到快、准、稳，实现以客户为中心、以增长为目标的战略。

图2-4 数字化企业的特征图

三、财务数字化转型和企业数字化转型的关系

财务管理是企业管理中非常重要的一部分,财务业务相对于企业内部其他业务具有以下几个特点:

一是具有很强的数据属性。人们常说,财务部门是企业天然的数据中心,财务部门是公司中与数据打交道最多的部门,而最大限度地发挥财务数据的价值和作用,也是财务团队的核心要务。

二是财务业务具有较强的规范性。这和财务业务的强监管性相关,企业的会计核算业务需要遵循财政部的企业会计准则,会计基础工作也需要遵循财政部会计基础工作规范的有关要求,上市公司的财务工作还需要遵循证监会、证券交易所的有关规定执行,这些制度、规则具有很强的规范性,因此财务工作的规范性是比较强的,具有流程标准化的基本条件。在企业信息系统的建设中,财务系统通常是较早建设的系统,也就是说财务数据也是企业较早在线上运行的数据，因此财务团队具有更优越的数字化转型的条件。

财务业务在实现电算化后，为了提升财务管理的规范性，会对财务业务的流程进行梳理，将其中具备条件的业务标准化，这样就能够实现部分财务业务的标准化和规范化。财务团队为了提升效率，会将能够标准化的业务进行集中处理，这时候财务共享中心就产生了。财务共享中心做到了一个团队从事多个主体的财务业务、一个团队为多家公司提供财务服务。**财务共享中心的成立标志着财务的工业化进程开始了，这也是财务数字化转型的开始**。

财务共享中心自成立之初，其使命就是要通过标准化、规模化运作，提升财务工作效率，随着企业管理不断提升，财务工作中会有越来越多的工作具备标准化和规范化的条件，因此纳入财务共享的财务工作也就会越来越多，而财务共享通过标准化、规模化以及信息系统的应用提升了财务工作效率，使工作量增长远大于人员的增长，因此财务共享中心会成为财务团队中最擅长利用新技术提升效率的团队。同时随着业务的不断增长、新技术的不断应用，财务共享中心的团队也在快速转型，财务共享中心的数据属性会不断增强，财务共享中心会发展为财务团队的数据中心。通过对数据进行汇集、加工，为企业其他部门提供数据支持，并不断提升数据加工能力，推动企业内各部门的数据应用能力的提升。因此**财务共享中心的发展迭代会进一步推动财务数字化转型工作，也会对企业整体数字化转型起到引领和带动作用**。

企业数字化转型有一个非常重要的特征，就是企业内部的组织协同、系统协同和数据协同。财务数据反映了企业的时点财务状况、一定时期的经营成果和现金流量，更侧重于结果数据，能够反映出企业现在存在的很多问题；但是要想回答问题产生的业务动因，光有财务数据是不够的，还需要各类运营数据、业务数据和其他相关数据，这些数据则更侧重于过程数据，可用于回答结果产生的原因。所以财务团队要和业务高度融合才能解决从"是什么"到"为什么"的问题，这里面需要的恰恰是组织协同、系统协同和数据协同。所以说**企业数字化转型还会进一步推动财务数字化转型的升级迭代，让财务赋能业务的能力进一步提升**。

归纳一下，财务的数字化转型是企业数字化转型中非常重要的一部分，因为财务本身具有的数字化属性和规范化属性，使得大部分企业财务团队可能领先于其他团队推进数字化转型，因此财务数字化转型也会有效地引领和带动企业的数字化转型。而企业数字化转型中推动的组织协同、系统协同和数据协同也会提升财务的业财融合能力，让财务数据挖掘更能满足业务的需求，实现财务数字化转型的升级迭代。

第三章
数字化转型需要经历的阶段

> **开篇思考：**
> 1. 企业的数字化转型是一项阶段性工作，还是一项持续推进不断迭代的工作？
> 2. 企业数字化转型会经历哪几个阶段，财务数字化转型又会经历哪几个阶段？
> 3. 财务数字化转型和企业数字化转型各阶段之间存在怎样的关系？

一、企业数字化转型需要经历的阶段

在上一章中，我们分析研究了企业数字化转型的核心特征，即企业要实现以数据驱动生产经营管理的各项行为，需要推进三方面的工作，即信息系统建设和新技术的应用、数据的互联互通和协同共享、数据的场景化应用。那要实现企业的数字化转型，需要经历哪些阶段呢？我们来回顾一下第一章中的场景故事"公司该不该进入定制化市场？"。A公司的几个部门在一起讨论后续公司是不是需要进入电梯定制化市场：市场部经理提出了公司进入定制化市场的建议；销售部经理支持市场部经理的建议，同时提出了客户想要监控公司生产过程的需求；生产运营经理提出进入定制化市场给公司原材料采购方面带来的挑战；采购部经理提出希望公司能够实现定制化生产、标准化采购，并征求设计部经理的意见；设计部经理认为这确实是一个挑战，但如果有足够的研发投入就有信心能够实现，但是希望财务部经理能够做出一个测算模型；但是财务部经理结合现在的工作内容和数据条件，觉得没有办法设计出测算模型。讨论陷入了僵局……

在第一章中，通过对市场环境和企业实际的分析，我们认为 A 公司应该进入电梯的定制化市场。我们可以再深入思考这样几个问题：一是如果 A 公司需要进入定制化市场，还需要在经营管理优化上做哪些工作？二是 A 公司很多业务板块都建立了信息系统，财务经理还说到公司建立了业务财务系统的集成，那为什么还是不能及时满足业务上的各种需求呢？三是在这些工作中，财务团队到底应该发挥哪些作用？

要想找到上面这些问题的答案，我们可以从 A 公司的故事里跳出来，先看看下面的图 3-1。

图 3-1 企业数字化转型六阶段图

企业从信息化到数字化转换的过程会经历六个阶段：工作电子化、业务信息化、管理协同化、运营智能化、信息网络化和企业智能化。那这六个阶段分别代表什么内容、又具有哪些特点呢？

第一个阶段是工作电子化，它解决的是工作节点的效率提升，比如车间内某个组装工序的自动化，又如财务核算中某项清账工作的自动化。

第二个阶段是业务信息化，它解决的是一个业务链条上整体工作的效率提升，比如企业为了提升财务核算工作的效率，上线了财务核算系统，实现了从凭证、到明细账、再到总账，最后到报表等一系列工作的自动化，又如企业建设客户信息系统，实现客户准入、客户信息采集、客户销售政策和客户持续管理等一系列工作的自动化。企业通过业务信息化会推动很多业务的线上化和效率提升，当然企业也会建设很多的信息系统。

第三个阶段是管理协同化，在这个阶段之前企业建设了很多的业务系统，但是系统之间却没有很好地衔接，导致企业的信息系统像烟囱一样林立，却没有很好地相互协同；因此这个阶段企业需要横向打通这些系统，让企业的不同系统的流程能够横向衔接起来，进而推进系统的横向衔接和数据的横向协同。

第四个阶段是运营智能化，在这个阶段里企业会不断复盘运营流程和信息系统的运行情况，借助新技术手段优化运营流程、提升系统运行效率，比如企业通过物联网的应用，解决了原材料入库、生产、产成品的跟踪，实现了线上线下数据的实时对接，又如企业引入 RPA 机器人解决了有难度的系统衔接问题，如财务系统和外部银行数据对账等工作，提升内外部系统数据对账效率。

第五个阶段是信息网络化，随着数字化转型在各行各业的不断推进和深化，很多企业的外部单位，如监管机构、外部银行等会开放系统的接口，让企业能够在更大范围实现内外部系统的协同和数据的交互，比如税务局会开放税企直连接口，银行会开放银企直连接口等；同时企业自己也会基于客户视角，给客户提供更多的信息支持，比如在企业商务系统中开放客户平台，让客户可以查询与产品相关的信息，客户也可以按照一定规则提出开票申请等。这个阶段企业实现了自身信息系统和外部信息系统的衔接，实现了内外部数据互联，进一步提升了效率，内外部数据的协同也有利于企业发挥数据优势，支持经营和决策。

当企业的信息系统实现了纵向统一、横向协同后，企业会进一步发挥系统数据的价值，比如建立数据集中平台，通过对数据挖掘，分析数据变动的动因，找到洞察、支持经营、服务决策；企业就达到了第六个阶段，即企业智能化的阶段。

回到第一章中的场景故事1-1，我们来分析一下，A公司到底处于哪个阶段呢？从场景故事中，我们知道A公司也建设了信息系统，还基于会计核算的基本需求建立了业务系统和财务系统的数据衔接，但仍然不能满足业务发展的需要，各部门都看到了问题，但是都只是提出问题，没有提供问题解决方案。**因此A公司的各业务环节并没有实现有效的横向协同，A公司处于从业务信息化向管理协同化转换的阶段。**

在信息系统建设并投入运行后，企业常常会被这类问题所困扰，企业上线了很多条线的业务信息系统，系统上线完成后，系统的管理工作才刚刚开始，企业需要有效应用系统，将系统的功能发挥出来，才能实现系统建设的初衷。从成本费用角度看，除了刚开始要有系统建设成本之外，系统上线运行后，还需要支付系统运行维护费用、系统产品升级迭代的费用，在申请支付费用的时候，老板常常会问这样的问题：咱们公司上线了这么多系统，为什么我却看不到系统能够发挥什么作用，但是上线运行后还需要这样一直付款？其实，老板有这样的疑问是很正常的，因为在工作电子化和业务信息化阶段，建设系统的目标是为了提升具体工作的效率，具体工作人员会对系统上线后的效率提升有比较好的感受，但效率提升并不一定就会导致团队整合重组，也就不一定能够带来人员的减少和人工成本的降低，即便后续进行了团队整合，因为企业的业务是不断发展变化的，团队结构也在同步变化，实际上也很难将效率提升和成本下降直接关联到一起，所以老板很难直观感受到系统带来的效率提升。

那怎么才能解决这个问题呢？一个可行的方法是增加系统建设和运行带来的增量效应，也就是要在系统建设的同时，同步考虑充分利用系统线上的数据，进行数据挖掘，找到数据背后的动因，服务于业务的运营和决策。但是新的问题也会同步产生，那就是作为老板一定是关注企业全局的，单一系统的数据挖掘能够支持业务运营和决策，但是对于企业老板来说，还是远远不够的，因为他会关注影响全局的数据，也就是多业务系统的数据，这时候我们就会发现，只是利用单一系统的数据进行数据挖掘是不行的，需要推进从业务信息化到管理协同化的转变。场景故事中，A公司的财务人员指出财务系统和业务系统实现了集成，但是集成的数据只是为了满足出具财报的需要，不能满足业务发展中各种灵活测算和业务管控的需要，所以说A公司的业财系统集成是基于财务会计需要的集成，而不是基于管理会计需要的集成。所以这就是A公司现在建了这么多系统却未能实现管理协同化的原因。

我们参考图3-2，再来回顾一下从信息化到数字化的六个阶段：

如果我们用X轴表示信息系统建设的深度和广度，用Y轴表示数字化转型的条件，这六个阶段实际上是阶梯性上升的。第一个阶段解决的是节点效率的提升；第二个阶段解决的是业务链的效率提升；第三个阶段是把各个业务链串联起来，形成一张网的一个过程，也就是管理协同化的过程；第四个阶段是在整个这张网上，我们利用新技术手段，让网运行得更顺畅，让流程和数据在网上跑得更快，这是一个进一步提效的过程；第五个阶段，信息网络化是一个扩网的阶段，是把企业网络往外围扩展，扩展到监管机构和合作伙伴，扩展到企业的客户和供应商那里；最后一个阶段是企业智能化阶段，是企业实现精准敏捷决策的阶段。节点效率提升和业务链效率提升的阶段，就是企业信息系统快速建设的阶段，这也是企业信息化阶段；从管理协同化开始，我们就进入到企业的数字化阶段了。从信息化阶段到数字化阶段，一个非常重要的节点是企业通过端到端流程的梳理和优化，实现系统间的协同、数据间的有效衔接，以及系统功能的充分发挥。这个节点是企业从信息化向数字化转换的一个重要标志。进入数字化阶段，我们会更加注重系统中数据的价值挖掘，在实现管理协同化之后，企业数据的协同性大大提升，数据价值的挖掘也就会越来越深入，数据也就能够更好地服务公司的老板了。

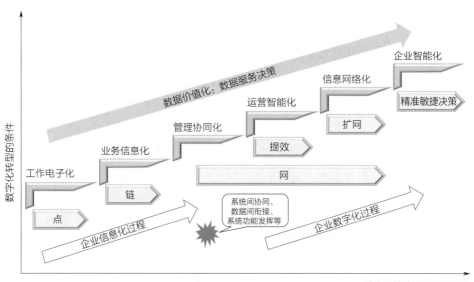

图3-2 企业数字化转型六阶段特征图

分析完企业从信息化到数字化的总览图，再来看看本书第一章中场景故事中的A公司，它在哪个位置呢？A公司正好在从信息化向数字化转换的节点位置上。再来看看我们思考的三个问题：

如果 A 公司需要进入定制化市场，我们还需要在经营管理优化上做哪些工作呢？A 公司很多业务板块都建立了信息系统，财务经理还说到公司建立了业务财务系统的集成，那为什么还不能及时解决业务上的各种需求问题呢？A 公司要进入的定制化市场并不是一个小作坊的定制化市场，而是一个快速敏捷满足客户定制化需求的现代市场，敏捷、快速和精准是在这个定制化市场中生存发展的基本要求，这就对 A 公司提出了很多的挑战，需要 A 公司从信息化向数字化转型。但在转型过程中企业也会发现，它不仅仅是要做一个信息系统，也不仅仅是要把系统打通，因为企业会发现在系统打通的过程中，部门定位和组织架构需要优化，业务运行和管理的流程需要优化，多部门需要协同并推行端到端的流程，这样才能促进系统间的集成、不同模块数据的互联互通。在系统协同过程中，企业需要建立起数据治理和数据质量监控的机制，推进数据质量不断提升，通过高效数据价值挖掘来服务企业的生产决策，也才能让 A 公司的核心能力不断地积累和提升。

在这些工作中，A 公司的财务团队应该发挥什么作用？A 公司的财务团队也需要转型，财务的职责并不仅仅是对业务做一个事后的记录并出具财务报表，这样的财务并不能满足数字时代企业的需求。A 公司的财务团队要转变成服务型团队，要对商业模式和业务运作方式有深入的认识，为业务发展和业务运营提供服务和支持，并为 A 公司老板的经营决策提供数据支持，配合企业数字化转型需要积极推动管理协同。从 A 公司的故事来看，数字化不是一场纯技术的转型和变革，它背后是什么？是数据的高效运行，是各部门的高度协同，也是数据的高度协同，是数据质量的提升和数据的价值挖掘。要实现这些目标，我们需要对战略定位、组织形态和企业文化等方面都做全方位的变革和升级，才能有效支撑这样一场变革。

二、财务数字化转型需要经历的阶段

在本章的第一部分，我们一起分析了企业数字化转型需要经历的六个阶段，那财务数字化转型需要经历哪几个阶段呢？我们先从一个场景故事开始分析：

> **场景故事 3-1**　　**咖啡馆里的故事**
>
> 李蓉、马丽、何雨、艾雯是大学同学，大学四年她们在一个宿舍里学习和生活，毕业后她们分别到四家公司担任 CFO，她们周末经常一起聚聚，聊聊工作和生活，这天她们相约一起在咖啡馆里聚会，她们聊起了年报这项工作。
>
> 李蓉：最近两周我特别忙，终于把年报忙完了。
>
> 大家听到以后非常惊讶，问道：怎么能这么快？你们集团内可是有 100 多家所属企业，只用了十多天就完成年报工作了吗？
>
> 李蓉：是的，我们统一了财务系统，也统一了主数据标准，财务系统能够实现各类财务报表的自动生成，并且还能自动做报表合并。所以我们现在的年报效率是非常高的。

马丽觉得很奇怪,问李蓉:李蓉,不管怎么说,你们也仍然还会有很多线下的工作要做,比如说资产盘点、银行对账,这些都是需要时间的!

李蓉:我们去年和业务系统做了集成,还使用了物联网技术管理固定资产和存货。所以我们现在的存货盘点全部是自动化做了,不需要线下再手工盘点了。

何雨说:李蓉,你们公司的信息系统很厉害啊!

接下来她们又从年报聊到了各自公司信息系统建设的现状,分享了各自公司的一些情况。

艾雯听了李蓉的介绍,说:李蓉,你们的信息系统太先进了,我们公司现在财务核算系统是统一了,但是我们还使用的是单机版,我们今年才会上网络版的核算系统,相比之下,差距真的是太大了。

何雨:我们公司虽然统一了财务系统,也上线了网络版,但是我们发现,财务数据的标准和处理规则还不统一,每个子公司有各自的处理规则,数据汇总后的可比性存在很多问题,也很难自动实现报表合并,还会存在大量的单边挂账,所以我们近期要把会计科目和核算规则统一起来。

马丽:我们的财务系统和标准都统一了,但是我们公司财务核算系统还没有跟业务系统做数据集成,我们正在推进财务业务系统集成有关工作。

何雨对马丽说：马丽，我们统一了财务标准之后，也马上要推进和业务系统的集成，我们前期需要做哪些准备工作呢？

马丽：建议你们在统一会计科目和核算标准的时候，也要同步了解一下业务数据的标准，要看一看财务、业务在数据口径方面到底有哪些差异，必要的话，及时优化财务标准，避免出现在统一财务标准后，跟业务系统进行集成的时候，发现财务标准还需要进一步细化和调整，出现一系列返工。

这时候李蓉又对艾雯说：艾雯，你也不要着急，建议你们在上线网络版的同时，同步了解会计核算的标准和处理流程，可以一并做到会计科目和核算标准的统一，这样你可以节约很多时间，其实是可以跳过何雨现在这个阶段的。

大家聊得非常开心，又展望了财务团队未来的一些转型安排。

艾雯又问李蓉：你们的系统这么先进，现在很多的工作都由系统完成了，是不是会出现很多的人员冗余呢？

李蓉说：不会的，我们的团队现在很多人负责对数据进行分析和挖掘，我们不仅按照财务口径来分析挖掘数据，我们还会根据内部经营管理的需要做口径的灵活转换和分析，这部分工作需要很多人员，而且我们现在服务决策还需要对未来的场景进行测算，还需要做一些建模工作。我们不仅仅是对过去数据的一个反馈，还需要对经营进行预测，这样能够更好地给业务团队提供支持。

> 何雨对李蓉说：你们的团队已经转型了，可以更好地和业务融合，帮助业务，还有助于控制风险，和你们相比，我们都还处在初级阶段呢！
>
> 艾雯：其实你们都很棒，只有我们很落后，我要向大家学习。
>
> 李蓉对艾雯：你不用着急，如果明确了方向，协调好内部关系，特别是要得到老板和其他团队的支持。如果各方面都很支持，转型起来也是非常快的。

四位大学同学在咖啡馆里的故事讲完了，从这个故事中我们可以得出这样几点结论：一是四位大学同学所在的公司，财务信息化处于不同的阶段；二是四家公司管理水平也处于不同阶段；三是四位 CFO 对公司业务的影响力是不一样的；四是四家公司的财务处于数字化转型的不同节点。那再思考一下，财务的数字化转型会经历哪些阶段，和企业数字化转型各个阶段有什么关系呢？

图 3-3 展示了财务数字化转型经历的五个阶段。财务核算最初是手工记账阶段；之后企业会上线一些电算化软件，财务就进入了会计电算化阶段；随着企业规模不断扩大，所属的子公司也越来越多，企业需要加强对所属公司的管控并提升财务工作效率，开始推进财务工作的标准化和流程化，进入到标准化和流程化阶段；随着业务系统建设的深入，财务系统和业务系统的集成需求不断增加，财务管理也会向业务前端深入，业财开始融合，进入到业财融合阶段；最后一个阶段是财务充分利用业财数据，服务财务管理和经营决策，也就是财务的数字化转型阶段。

图3-3 财务数字化转型阶段图

在手工记账阶段，财务是比较落后，承担的更多是会计核算职能，财务业务的侧重点是计量、记录和反映。会计人员是手工记录记账凭证，使用的工具是算盘、计算器，没有任何信息系统，采用的是单人独立的工作方式，总账和明细账是根据记账凭证手工登记的，报表也是会计根据总账、明细账手工编制的。在这个阶段会计人员的工作效率是比较低的，对于企业经营和管理工作的参与度也是非常低的。

在会计电算化阶段，企业上线了会计电算化软件，这个阶段财务职能的侧重点仍然是计量、记录、反映，这个阶段会计电算化软件基本都是单机化部署的，会计凭证是由财务人员手工录入到电算化软件中的。会计做账都需要登录单机版系统，财务部内部通过分工（比如收入岗、成本费用岗、总账管理岗等）和协作，达到提升效率的目标。会计电算化带来的最大好处是会计凭证信息能够自动生成明细账和总账，也能够自动出具单户主要财务报表，效率有所提升。这个阶段，财务承担了少量管理职能。

随着企业规模不断扩大，企业网点越来越多，至少会有总部财务部和所属公司财务部两层财务组织，财务需要解决很多纵向管理方面的问题，需要推进管理标准化和流程化，也就进入到财务标准化和流程化阶段。这个阶段企业需要统一财务标准和财务流程，财务信息系统也实现了网络化部署，总部财务部和所属公司财务部是纵向协同工作的，当特定经济行为涉及总部和所属公司，大家按照规范的标准和流程进行会计处理，能够很大程度地减少企业内部单边挂账的问题，保证财务信息的纵向可比，实现了内部数据和信息的自动对账。在这个阶段，随着标准化与流程化的推进和系统的网络化部署，财务团队的工作效率会有很大的提升，也为财务组织架构的优化提供了有利条件。

财务工作标准化后，要想继续提升效率，就必须打通业务和财务的数据，企业会进入业财融合阶段。在这个阶段，业务系统和财务系统实现了集成，企业最初始的业务数据通过系统接口从业务系统自动传输到财务系统，财务系统按照设定的规则自动生成记账凭证，财务人员不再需要手工编制会计凭证了。这个阶段财务团队的工作方式是一个多维度协同的方式，包含了横向和纵向两个层面的协同：纵向上通过财务标准化和流程化，可实现财务团队内部总部和所属公司之间的协同；横向上通过业财融合，可实现业务流程与财务流程、业务系统与财务系统、业务数据与财务数据的衔接贯通。财务团队能够实现自动记账对账和生成报表，还能从财务数据下沉到业务数据，大幅度减少了业务和财务数据对账工作量。同时因为财务端和业务端实现了集成，财务团队除了能够提供标准财务报表外，还能够按照公司有关要求提供不同层级、不同口径的内部管理报表，财务团队管理职能在不断增加，对于业务的服务能力和管理能力也提升了。

在业财融合阶段，财务团队拥有了大量数据，包括业务端的部分数据和财务系统产生的各类数据，在大量财务工作实现自动化的同时，财务团队开始积累数据并挖掘数据价值，服务业务并为公司管理层提供决策支持服务。在这个阶段，财务团队的职能正在从后台转换到中台和前台，财务团队天然拥有数据属性，要发挥财务数据的价值，才能真正实现转型。财务团队自身也会根据数据挖掘的需要，不断增强自身跨界能力（战略管理、业务认知、技术知识等）的培养，要通过技术手段，把财务对数据的敏感性和对指标的计算能力固化到算法中，再把算法沉淀到平台中，以适合的方式将数据、动因和建议展示出来，服务经营和决策。

三、数字化是对数据进行生产加工和挖掘的过程

在前面的分析中，我们分别分析了企业数字化转型和财务数字化转型需要经历的几个阶段，我们再来看看企业数字化转型和财务数字化转型之间的关系。

如图3-4，企业数字化转型会经历工作电子化、业务信息化、管理协同化、运营智能化、信息网络化、企业智能化这六个阶段，财务数字化转型会经历手工记账、会计电算化、标准化和流程化、业财融合、财务数字化转型这五个阶段。企业数字化转型和财务数字化转型是相互推动和相互促进的，其中财务的会计电算化阶段对应着企业工作电子化阶段，标准化和流程化阶

图3-4　财务数字化和企业数字化对照图

段对应着企业的业务信息化阶段，业财融合阶段对应着管理协同化和运营智能化阶段，财务数字化转型对应着信息网络化和企业智能化阶段。

在会计电算化和标准化流程化阶段，企业的重点是建设信息系统，要让更多的业务到线上运行；业财融合阶段是要把业务财务衔接起来，这里既包括业务流程的衔接，也包括系统集成和数据的交互衔接；财务数字化转型则是要充分利用财务所积累的各项数据，在企业中，每个团队都拥有数据，但拥有数据并不是数字化转型最核心的能力，核心能力是怎么去看这些数据，怎么去使用这些数据，所以在财务数字化转型阶段，财务一定要从"编报表"向"用报表"转型，从收集数据向应用数据转型。

从企业数字化转型和财务数字化转型的各个阶段不难看出，数字化实际上就是一个数据产业链，也就是从生产数据，到收集数据，到整理和加工数据，再到应用数据的全过程，最终的目的是要用数据驱动企业的生产经营和管理决策，让数据成为有价值的资产。

第四章
数据的生产

> **开篇思考:**
> 1. 企业怎么生产出高质量的数据?
> 2. 企业信息系统建设是生产数据的基础工作,通常企业会建设哪些信息系统?
> 3. 是不是企业所有的业务都需要建设信息系统并上线运行?
> 4. 在企业信息系统建设过程中,需要注意哪些问题?
> 5. 当多系统并存的时候,企业需要关注哪些问题?

在上一章中,我们通过分析企业数字化转型和财务数字化转型的各个阶段,得出了这样一个结论:数字化是一个涉及数据生产、数据采集、数据加工和数据应用的数据产业链。本章我们就重点分析数据的生产。

一、企业需要建设哪些信息系统

在思考企业需要建设哪些信息系统之前,我们先来看这张波特价值链分析图(见图4-1)。在这张波特价值链的分析图中,下面部分是企业的基础性活动,包括采购和供应商管理、生产和运营管理、物流和运营保障,市场管理、销售和客户管理;上面部分是企业支持性活动,包括传统的战略和基础性管理、人力资源和组织管理、财务管理、法务商务管理,同时结合企业数字化转型的新要求又增加了技术和研发管理、信息系统和数据管理这两部分支持性活动。这些基础性活动和支持性活动都是为了让企业商业模式得以有效运行，最终让企业创造价值。

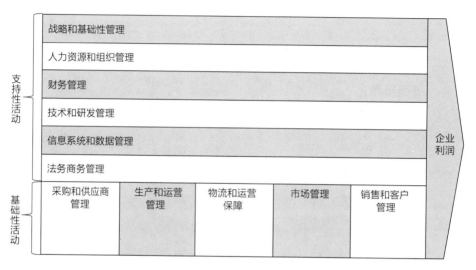

图4-1 波特价值链分析图

接下来，我们从波特价值链入手来看看企业信息系统逐步建设和完善的过程（见图4-2）。

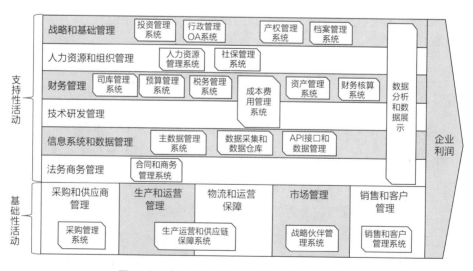

图4-2 企业信息系统在波特价值链上的布局图

最初企业的信息系统是要满足最基本的基础性活动，企业会建设财务核算系统、生产运营和供应链保障系统，满足基本核算需求和生产运营管理需求；企业会希望把客户资源固化到系统上，形成企业的核心资源，会建设销售和客户管理系统。

随着客户增加、规模扩大，企业签署的合同会越来越多，金额也会越来越大，企业会把合同也通过信息系统管理起来，建设合同和商务管理系统；规模扩大后企业的管理职能会不断增加，为了提升管理决策效率，企业会建设行政管理和 OA 系统；随着财务核算系统、合同商务系统、OA 管理系统的上线运行，企业产生了大量的档案文件，线下管理会消耗很多时间和精力，管理质量也不能保证，企业会建设档案管理系统；随着上下游生态的形成，供应商资源成为企业非常重要的资源，线下管理难度和风险不断增加，企业会建设采购管理系统；随着企业的业务和网点不断增加，企业有了更高的成本管理的需求，会建设成本费用管理系统，对支付业务进行管理；在业务运行过程中，客户开票量不断增加，手工开票效率低且质量难以保障，企业会建设增值税管理系统实现税企直连，进而会扩展功能实现全税种的税务管理；随着管理需求的深化和细化，企业会不断加强财务管理，建设一系列财务专业系统，如预算管理系统、司库管理系统；当企业集团从运营管控转向战略管控，一方面会加强对市场资源的管理，建设战略合作伙伴管理系统，另一方面也会加强对企业战略布局的管理，建设投资管理系统；企业的资产投资行为会形成大量资产，企业需要对资产集中管理，会建设资产管理系统；企业产权投资行为会增加所属公司数量，需要对产权进行管理，建设产权管理系统；企业发展需要人才管理和储备，企业会结合人力资源管理和组织管理的要求，建设人力资源管理系统和社保系统。

前面这些系统都是与企业经营管理相关的，这些系统建设完成后，企业需要利用系统的数据服务决策，加强对数据的管理，会建设主数据管理系统，管理不同系统中存在的共性数据，并通过 API 接口管理解决系统集成问题，有利于数据的纵向统一、横向协同；为了加强数据的应用，企业会采集多系统数据，建设数据仓库；将数据集中和管理起来后，需要让数据发挥作用，会建设数据应用平台，对数据进行加工、分析和展示，最终服务生产经营和决策。因此从波特价值链布局图上分析，随着经营和管理需要的发展，企业会建设越来越多的信息系统。

二、不同规模企业的信息系统建设需求

每一个企业在不断的发展过程中，系统建设的需求是不同的，是不是每一个企业都需要建设这么多的系统呢？答案是：不一定，要根据企业的发展阶段和规模来确定。

1. 小型企业

小型企业最核心的目标是什么？是**生存**。在进行信息系统建设的时候，也是要围绕着**生存**这个目标推进的，小型企业希望系统建设成本低、见效快、满足核心需求。

如图 4-3 所示，对于小型企业来说，要生存就要开拓业务，做业务就要签合同，企业会建设合同和商务管理系统，把合同和商务条款以及法务风险控制住，同时企业需要建设财务核算系统，通过这两个系统的集成，实现业务数据和财务数据的衔接，大幅度提升效率。企业还会建设生产运营和供应链保障系统，确保运营高效稳定；对于小型企业来说，成本费用管理非常重

要，通过建设成本费用系统可提升成本使用效率。

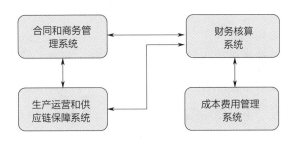

图4-3 小型企业信息系统图

小型企业系统建设的目标就是提升效率，满足工作自动化的需要，会侧重在最需要的业务领域里进行系统建设。在信息化建设比较好的小型企业中，也会有系统间的集成，集成的目标是什么呢？提升效率并满足核心需求，以业财融合的系统集成为例，目标就是满足最基本的核算需求——出报表、能报税，这是小型企业最重要的目标，财务对管理会计方面的需求是比较有限的。

如图4-4所示，在这样的系统架构下，小型企业的数据要包含线上、线下两个部分，最核心的业务通过信息系统实现了线上运行，线上数据主要是

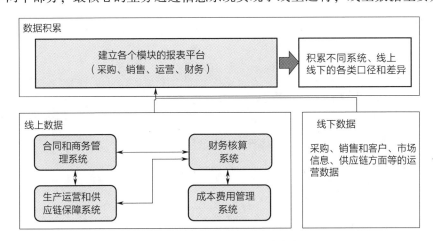

图4-4 小型企业系统建设和数据应用图

核心业务数据，而很多与市场、客户、供应链相关的数据则形成了企业的线下数据。

小型企业的系统集成是比较简单的，系统通过集成传递和流转的数据量比较少，因此企业数据标准管理和数据口径统一的要求并不高，多系统之间、多数据之间的衔接，很多还是需要人工来进行操作的。

2. 中型企业

中型企业存在的核心目标不再是生存，而是**业务发展**了。这个阶段企业管理是以运营管理为主，目标是提升效率，在信息系统建设方面，企业会建设更多的系统，会非常关注系统之间的关系。

如图4-5所示，企业从小型发展到中型，在已经建设的生产运营和供应链保障系统、合同和商务管理系统、成本费用管理系统、财务核算系统的基础上，会结合业务发展需要建设更多系统。比如，随着采购和销售业务发展，企业会建设采购管理系统、销售和客户管理系统，这两个系统都是以企业运营管理为核心的业务系统；随着税务总局逐步放开税企直连接口，企业有机

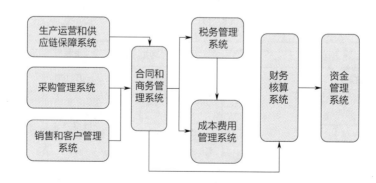

图4-5 中型企业信息系统图

会实现自身系统与局端数据的互联,企业会建设税务管理系统,通过税务系统与合同商务系统、成本费用管理系统的集成,实现开票业务、收票业务的自动化处理;在这个阶段,企业还会更加重视支付管理和资金管理,希望实现支付信息从核算系统到银行网银系统的直连,实现支付的自动化,再通过对业务信息和核算信息的采集,自动编制资金计划,对资金头寸进行管理,实现资金管理的线上化。

中型企业的信息系统建设是围绕服务业务运营和财务运作而展开的,形成的线上数据也是以业务运营、财务数据为主的,企业的战略管理数据和人力资源管理数据还是在线下的。

如图4-6所示,这个阶段企业还没有建立起统一的数据管理体系,不同系统之间、线上和线下数据之间的标准也仍然还会存在一些差异,因此

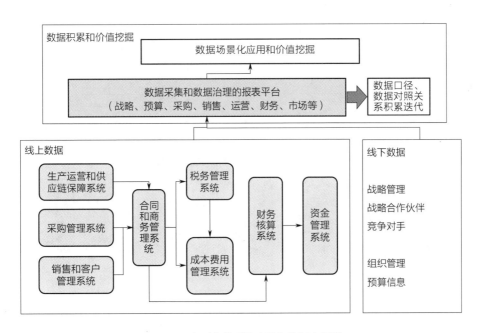

图4-6 中型企业系统建设和数据应用图

企业需要特别关注不同领域数据的口径差异和对照关系的积累迭代，有条件的企业要开始建设数据采集和数据治理的报表平台，以便为后续的数据治理打下基础。

3. 大型企业

大型企业的目标与中型企业相比，又发生了变化，生存和发展的问题已经不是企业面临的最主要的问题了，大型企业的核心是要做大做强，企业要着眼未来，会关注一些远期目标，比如战略管理、业务和网点布局、资源配置和效率、人才培养、资金储备等。

如图4-7所示，在信息化方面，大型企业会针对战略发展、资源布局、资源储备等方面进行系统建设，企业会建设战略投资管理系统和战略合作伙伴系统以及人力资源管理系统。对于大型企业来说，财务的职能也不能够仅局限于日常的财务运营和财务管理工作，还需要服务业务、支持业务的发展，同时要在资源配置中发挥更重要的作用，因此企业会建设预算管理系统。

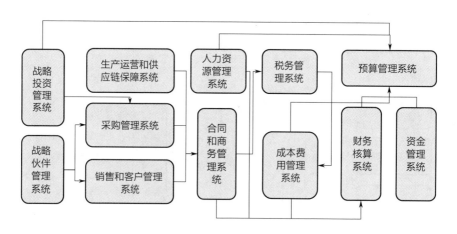

图4-7　大型企业信息系统图

如图4-8所示，随着企业逐步向大型化发展，战略性工作逐步实现了线上的运行，通过战略投资管理系统，人力资源管理系统，战略伙伴关系管理系统等系统建设，使得企业线上数据进一步丰富起来。同时，财务系统还需要服务企业经营和战略决策，管理会计的需求进一步提高了，预算管理系统的建设进一步丰富了业财融合的线上数据。

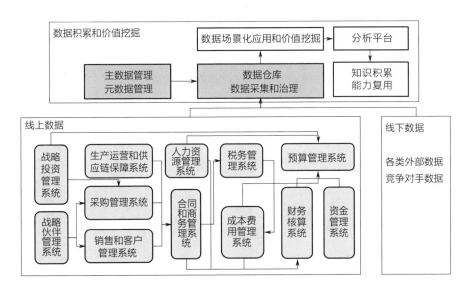

图4-8 大型企业系统建设和数据应用图

从上面的分析中我们看到，不同规模的企业，其核心目标不同，信息系统建设需求也不同，但不同规模企业都面临数据积累、数据管理和数据挖掘方面的工作，企业需要提前做好这方面的工作，才能为数字化转型打好基础。

如图4-9所示，对于企业来说，从小型企业到中型企业，再到大型企业，信息系统建设的需求是不同的，企业的各类经济活动中，通过系统线上运作的经济活动，会产生大量的线上数据；通过人工在线下运作的经济活动，会产生线下数据。企业通过采集线上数据和线下数据，把数据汇集起来，就具备了利用数据进行价值挖掘的基本条件了。

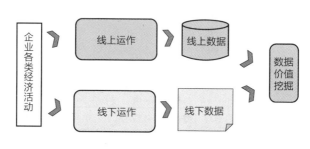

图4-9 数据挖掘的数据源架构图

在推进数字化转型的过程中，小型企业经常会面临这样一个困惑，就是企业规模不大，也没有那么多的信息系统，是不是需要推进数字化转型？数字化转型是不是一定需要很多的投入？答案是：不一定。数字化转型的实质是让数据驱动企业经营管理的各项行为，只要企业有数据，不管数据是线上的还是线下的，企业都可以做数据挖掘，只不过线下数据的挖掘是小作坊式的，速度慢、效率低、质量没有保障，针对大量数据的数据仓库、数据平台则相对高效、精准，质量保障性更高。所以信息化并不是挖掘数据价值的一个绝对的前提条件，但是信息化能够帮助企业，让数据在线上快速、高效、精准地运行。企业需要结合自身实际平衡成本和效率之间的关系，以确定数字化的具体实现方式。

三、信息系统的定位和架构设计

在信息化建设阶段，企业会根据业务需要建设多个信息系统，怎么解决好系统之间的关系，是中大型企业经常面临的问题，如果解决不好，会影响系统功能的发挥，也会影响企业数据的质量，进而影响企业数字化转型工作的推进。

我们先来看一个场景故事"采购管理系统应该怎样定位"：

场景故事 4-1　采购管理系统应该怎样定位

近期 B 公司业务发展非常快，业务规模不断扩大，随着业务规模的增长，B 公司信息系统建设的速度也在加快。前期 B 公司建设了业务运营系统、合同商务系统、客户管理系统和财务核算系统，近期 B 公司的采购量大幅度增加，公司还要满足集中采购管理的要求，所以计划上线采购管理系统。于是公司采购部门就草拟了一份请示签报，申请项目建设经费 800 万元，上报给了公司的信息化主管领导，信息化主管领导看了签报之后就问了这样几个问题：

一是公司上线采购管理系统，主要想满足业务上的哪些需要，这个系统到底要实现哪些功能呢？

二是采购系统的功能和我们公司现在已经上线的系统的功能有没有重叠？有没有关联？如果有关联，是什么样的关联？

三是公司建设的采购管理系统，与公司其他系统之间到底有没有集成的需求？

四是采购管理系统未来有没有远期发展规划？

> 采购经理看到这些问题，回复如下：① 公司上线采购系统就是为了满足公司集中采购的需要，所有和集中采购相关的需求都应该纳入采购管理系统；② 采购系统的功能方面，所有和采购相关的业务都应该纳入采购系统中运行，要实现采购全闭环管理；③ 在和其他系统的关系方面，我们希望和财务系统集成，也就是财务系统要配合我们，因为推进集中采购很困难，大家有抵触心理，我们希望通过和财务系统集成，实现只有通过集中采购系统审批的项目，才能办理付款，否则就不能办理付款；④ 系统规划方面，目前还没有远期的规划，要看公司对集中采购的要求。

采购经理从四个方面回答了信息化主管领导提出的问题，很显然，采购经理的答复是非常模糊的，并没有把事情说清楚。我们再延伸思考以下几个问题：

1. 采购经理的答复能满足公司信息化主管领导的要求吗？

2. 如果公司按照采购经理的答复进行系统建设，系统建设能成功吗？为什么？

3. 按照目前采购经理的设想，系统上线后会和公司哪些系统产生冲突呢？

4. 财务系统能满足采购经理的系统要求吗？

我们可以把这些问题放一放，先分析采购业务的本质。公司的采购业务应该分为三个层次，分别是规则制定和计划管理、采购工作执行、采购工作后评价，具体如图4-10所示。

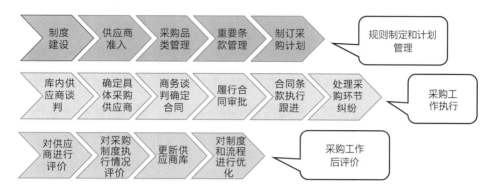

图4-10 企业采购业务三层次架构图

第一个层次涉及五个方面的工作，初始是采购业务的制度建设，通过制度明确采购业务的范围，公司采购部门和其他部门在采购业务中的职责，以及采购业务的具体工作流程，采购业务管理要求等；第二项工作是对供应商进行管理，涉及企业按照什么样的标准选择需要合作的供应商、建立供应商库，以及供应商准入机制建设等；对于需要推进集中采购的公司来说，需要确定哪些品类的采购被纳入集中采购进行管理，还需要确定在合同条款中，哪些条款重要，需要进行统一管理，这两方面分别涉及第三项和第四项工作；第五项工作是采购计划，企业年初会制订全年工作计划，也包括采购工作计划，通过计划对全年采购工作进行规划和安排。

第二个层次就是采购业务的具体落地执行环节。采购业务落实中，最先就是需要和供应商库里的供应商进行谈判，通过商务谈判、价格比较等确定需要合作的供应商，再进一步与供应商商谈合同内容和合同条款，达成一致后锁定合同，企业需要履行合同审批流程，合同审批盖章生效后，企业需要按照合同条款推进采购业务的落地执行。在合同执行过程中，如果企业与供应商发生了纠纷，还需要处理和解决相关纠纷。

第三个层次是采购业务执行之后的评价反馈和监督环节。采购业务完成后，企业需要对供应商的资质和服务进行评价，具体包括供应商资质有什么新的变化、是否认真履约、对其提供的产品和服务是否满意等；企业需要结合供应商评价定期更新迭代企业的供应商库，这是从准入建库到持续维护的一个过程；企业还需要定期分析采购管理制度的执行情况，包括制度条款是否符合公司采购业务实际情况，需要结合实际对制度和流程进行维护和优化。

所以把企业采购工作细分一下，会有很多层面和内容，如果说企业简单地把不同层面的采购工作混淆在一起，就会出现很多问题。如图4-11，像场景故事4-1中采购经理说的，所有采购业务都要放到采购系统里，那企业就需要梳理和确定图4-11中的每项工作与企业其他业务工作之间到底是什么关系。比如公司已经建立了合同和商务管理系统，采购合同的履行审批环节原本是在合同和商务系统中运行的，如果把这部分业务放到采购系统中，那合同和商务系统里到底包不包含这部分业务呢？又如企业执行合同的时候，采购业务会涉及向供应商付款，企业已经建设了成本费用管理系统，采购系统和成本费用管理系统之间又是什么关系？还有，企业如果在采购业务中发生了各种各样的纠纷，这些纠纷的处理与合同商务管理系统之间又是什么样的关系呢？我们对制度执行情况进行后评价的时候，和考核与绩效评价系统又是一个什么样的关系呢？我们随便从采购业务里找出几个点，就会发现采购管理系统和其他业务系统会产生冲突。

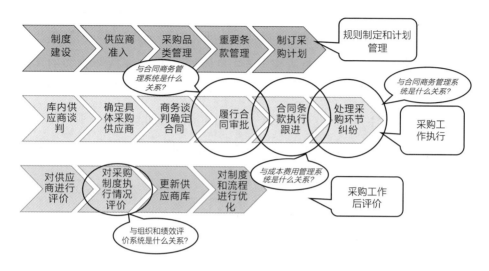

图4-11 企业采购业务模块与企业业务协同关系图

再看看采购经理提出的需要和财务系统进行集成的需求,其目的是要财务系统对付款进行把关,符合集中采购管理要求的就付款,不符合的就不付款;显然,财务是没有办法满足采购经理的要求的,采购业务是一个从制度建设、计划管理,到合同签订和合同执行的端到端的全流程业务,这里面非常重要的环节是合同。如果企业签署了合同,财务不付款反而会产生更多的法律纠纷,会给企业增加商务履约风险,所以说采购系统和财务系统集成是存在问题的。

信息系统问题的背后一定是业务定位和业务流程的问题。所以,我们需要回归到业务本身来思考一下,B公司采购部门的定位清晰吗?很显然是不清晰的。用图4-10中的采购业务模块来规划一下,B公司到底该怎么管理采购业务呢?从定位角度,B公司可以设计采购业务的战略管理主体、采购业务的集中管理主体和采购业务的具体实施主体这三个管理主体,当然实际过程中,企业可以结合实际把采购的战略管理主体和集中管理主体合并成为一个管理主体，确定了管理主体和定位后，就可以把具体采购业务划分给相应主体了。结合图4-10，企业可以把采购业务的第一层的规划制定和计划管理工作交给战略采购主体或者集中采购主体进行管理，把采购业务的具体执行工作交给B公司的所属公司和所属部门进行管理，采购业务的后评估工作是战略管理主体和采购业务的集中管理主体需要定期复盘的一项工作，交由集中管理主体进行管理。模拟一下上述分工，如图4-12所示。

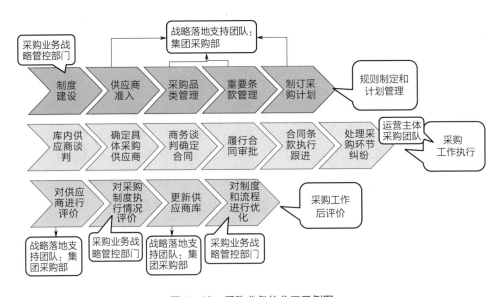

图4-12 采购业务的分工示例图

需要特别说明的是，采购业务的分工要结合企业的实际情况确定，如果企业规模不大，就不需要设这么多部门，或者企业不想让采购业务太分散，企业就可以把采购业务分为两大层面：一是管理和监督，二是落地和执行。企业可以把管理和监督职能全部交给采购部，把采购谈判、合同签订和执行等方面的落地工作交给具体运营主体，他们需要按照采购制度要求，做好采购工作的落地执行。

业务层面分割清楚了，信息系统的边界也能够更清晰地确定。B公司采购系统可以把集中采购管理功能、供应商准入管理、供应商库的建立维护、重要采购条款管理、采购计划制订和执行等纳入采购管理系统。涉及采购业务具体落地执行，特别是商务谈判、合同签订、合同执行和纠纷处理等则应纳入各主体合同商务管理系统中，通过与采购系统集成同步采购业务执行信息，这样就在很大程度上解决了采购系统定位的问题。

总结一下，如图4-13所示，企业在确定采购系统定位的时候，首先要考虑的是采购部门的定位和边界，在整个端到端的流程中，应该做什么、管什么？然后分析一下采购工作中哪些环节需要协同，比如说采购工作会与合同商务管理协同，在信息系统建设时，就需要特别关注合同商务管理系统。在采购系统建设前的设计阶段，需要分析企业已有系统对协同工作的支持程度，如果能很好地支持，蓝图设计阶段就要考虑系统之间的集成，如果不能，企业需要对相应的信息系统提出改造要求。在设计系统集成方案时，需要考虑协同工作中各项工作环节的归属，这其实是划分系统边界非常重要的一个要素，在确定边界的基础上企业要做业务流程的梳理，这里所说的业务流程是端到端的业务流程，涉及采购制度的制定、执行到采购行为的落地，再到后评价的全过程，端到端的业务流程一定会串联多个部门，比如采购部、业务部、行政部、财务部、法务部、审计部等，通过端到端的流程梳理，进一步确定流程会串联哪些信息系统，形成部门维度和系统维度的流程。在流程梳理的基础上，企业要进一步研究流程背后的数据流，包括数据的范围、数据的颗粒度和数据的流转方式等。在把上述各项隐私全部考虑清楚的基础上，再去设计信息系统的架构和布局，才能够把采购系统合理地界定清楚，否则一定会出现与其他系统冲突的情况。

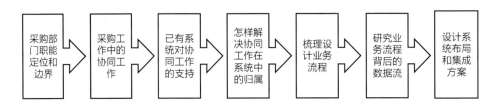

图4-13 采购系统规划工作流程图

通过对场景故事4-1的分析，我们可以得出以下两点结论：

一是系统的核心是业务的线上运行。系统的背后是业务流程，如果连业务流程都不清楚，就无法把信息系统做好，系统上线运行后就会出现无数问题和诸多不顺；即使我们建设的信息系统只供单一部门使用，但系统对应的业务也是端到端流程中的一环，系统的数据也需要服务业务的上下环节，所以也需要配合端到端流程梳理。

二是业务的定位会直接影响到系统的定位。业务定位问题在小型企业并不突出，但却是很多中型、大型企业面临的问题，通常会涉及纵向、横向两个层面。**纵向层面**，解决的是总部管控和业务板块的边界划分，也就是总部管什么、授权所属子公司自己可以做什么的问题，即母子公司管控边界的界定问题；总部管控的业务需要集团总部进行管理和审批，与这类业务对应的数据也是集团严格管控的，数据就会是统一可比的。**横向层面**，要解决的是各个业务条线的定位问题，比如场景故事4-1中的采购系统和合同商务系统、成本费用管理系统、财务核算系统之间关系的问题，以及系统之间的集成路径和相关数据是怎样协同共享的。只有业务定位清晰了，我们才能够根据业务定位来设计系统架构解决系统间的问题。

在分析业务定位的时候，需要确定纵向、横向两个层面的边界。图4-14

是企业纵向层面管控边界的示例图，纵向层面需要考虑的重点是总部管什么、放什么的问题。以战略管理为例，通常总部管控公司整体战略规划的制定和落实，总体战略与公司整体年度计划的衔接，各个业务板块（子公司）要在集团整体战略规划下，设计自己的子战略，负责子战略的落地执行，以及与本公司、本板块的年度计划的衔接；以财务信息系统为例，通常企业的大部分财务管理是需要集中管控的，在财务账套设计时，整个账套架构要满足集团统一管控的要求，这样集团层面统一的财务报表、管理报表一定是纵向统一的，但同时财务业务和经营直接相关，需要服务经营、满足经营需要，所以在一些会计科目，特别是和经营相关的会计科目中，可以结合业务需要增加一些灵活的字段，字段层面可以让业务板块有更多的自主权，因此在财务管理层面，统一管控的功能和数据的颗粒度一定会大于所属子公司自主管理的数据颗粒度，既实现了纵向的统一可比，又通过数据颗粒度管理满足了个性化的需求。

图4-14　企业纵向管理架构图

图4-15是横向层面的示例图，横向层面企业需要梳理和打通端到端的流程，让数据能自流程起点流向终点，横向流程可能会跨越不同的业务管理条线，不能在流程中间出现堵点和断点，只有业务定位明确、边界清晰，才

能确保数据流动的通畅，也才能保证数据间的协同。因此系统的定位其实和职能部门的定位、组织架构的定位都是息息相关的，定位问题会直接影响企业端到端流程的通畅性。

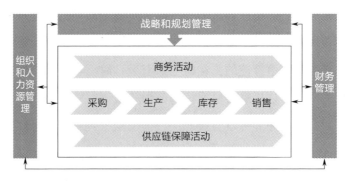

图 4-15　不同业务的横向管理图

四、信息系统的协作和集成

在本章前面三个小节，我们分析了企业可以建设的信息系统、不同企业对系统建设的需求以及系统定位的重要性，下面我们重点分析企业信息系统的协同和集成，我们先来看一个这样的场景故事。

> **场景故事4-2**　投资管理系统要跟进投资计划执行需要和哪个系统集成？
>
> M公司近期开始建设投资管理系统，准备实现以下功能：
>
> 投资计划编制和编制过程管理、投资计划与公司战略的衔接管理、投资计划与资本性支出预算的衔接、投资计划执行情况的跟踪管理、投资效果后评估等。

> 在进行系统功能设计时，对于研究投资计划执行管理环节，投资部门希望财务部门能够在支付环节帮助进行审核，也就是希望只有进入投资计划的项目才能安排执行和付款，否则不能支付，希望财务部门能在项目付款环节帮助投资部门把关。但是财务部门反馈，这事没法落实。原因是财务部门付款是通过银行的网银系统完成，网银系统会提供企业可录入的摘要字段，但这个字段的容量很有限，不能容纳整个投资计划的相关信息，财务没有办法采集这些信息，更没有办法进行审核。

面对这个问题，我们需要思考这样几个方面：投资管理系统想要实现对投资计划执行和投资项目的全生命周期管理，是不是只能和财务系统集成？如果投资管理系统和财务支付系统集成，会产生哪些问题？如果不能和财务支付系统集成，那投资系统和哪个系统集成会更好些？再延伸思考一下，我们要想实现投资项目的后评估，有哪些方法和方案可供选择？

我们一直强调，信息系统问题的背后一定是业务定位和业务流程的问题，所以要解决投资管理系统的功能实现问题，还是需要回到投资业务的本身。企业的投资业务通常包括这样几项：一是投资计划的编制，二是投资计划的审批，三是投资计划的执行，四是相关资产的确认，五是投资后评估。

在投资管理的整个端到端流程中，企业会结合业务需要建设多个信息系统。在投资管理流程中，投资计划的编制、投资计划的审批、投资计划的执行以及相关资产的确认，这些管理工作是需要在投资管理系统中运行的，最后一项即投资后评估是否纳入投资管理系统中，后面再单独分析说明。尽管投资工作会纳入投资系统进行管理，但也会涉及企业内的其他业务和其他系统。

如图4-16所示，投资计划编制工作，除了在投资系统中进行管理外，通常投资计划和企业预算中的资本性支出预算相对应，资本性支出预算在企业预算系统中管理，因此投资计划编制环节还会涉及企业预算管理系统。投资计划的审批环节，需要履行公司一系列审批流程，通常企业会在OA系统中管理公司决策审批工作。投资计划审批通过后，企业就需要推进投资计划的落地执行了，实际业务会涉及合同签署，比如重大工程施工项目合同、股权转让合同、资产购买合同等，因此会涉及合同和商务管理系统；合同签订完成后，企业需要履行合同，会发生对外付款业务，因此会涉及企业成本费用管理系统，还会进一步涉及财务支付系统。在落实投资计划环节，财务支付系统是最末端的系统，如果按照投资部门提出的需求，与财务支付系统直接集成的话，实际上投资管理就跳过了中间的合同管理和执行环节，这明显是有问题的，前面合同已经签署完毕了，在支付这个环节实施管控，会让公司承担更多的法律风险。所以在合同环节管控才是最关键的。投资计划完成后，进入到相关资产确认环节，会涉及企业的资产管理系统、产权管理系统；如果企业投资的是一项资产或者为建设项目投资在建工程，都会涉及资产管理系统；如果企业收购的是一家公司，就涉及产权管理系统；企业财务需要及时将资产、股权入账，需要通过财务核算系统进行账务处理。

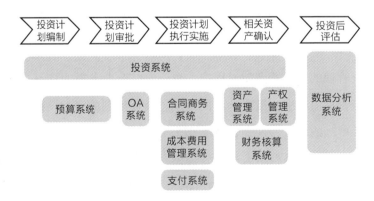

图4-16 投资业务和相关系统布局图

最后看看投资项目的后评估工作,应该在哪个系统进行管理更合适,在投资项目后评估工作中,企业常常会遇到以下难点:投资计划确定的投资项目,在最终完成投资后,转化成资产的时候,项目和资产并不是一一对应的关系,不同资产折旧摊销速度不同,同时资产产生的效益也不一定体现为收入,所以在评价一个投资项目效能的时候,企业往往需要取得多个系统、多个主体的数据,进行加工计算后才能完成投资的后评估工作。因此比较合理的解决方案是,将投资项目的后评估工作纳入数据分析系统,在数据分析系统中,可以采集不同系统的数据,可以结合实际情况对数据进行加工,再进行评估测算。比如,企业计划投资建设一个酒店,酒店项目就是一个专门的投资项目,在建设完成后的财务核算环节,酒店会被拆解成很多资产,比如土地使用权、房屋建筑物、花园泳池、草坪、道路等。在进行相关资产核算的时候,企业需要结合投资管理需要,增加投资项目的字段,这样才能更明确地抓取与项目相关的资产数据,用于分析。另外,有的时候企业投资一个项目,不一定是以项目本身盈利为目的,可能是为了协同其他业务的发展,在后评估环节,企业就需要结合项目建设目标,进行大量的数据对照、数据加工和逻辑测算。如果把这项管理工作纳入投资管理系统,就会涉及多系统、多主体的系统集成问题,还涉及大量数据加工的问题,特别是投资项目的目的是个性化的,数据加工的规则也会相应地是个性化的,会给系统建设带来非常大的困难,传统管理系统更侧重于流程和表单管理,并不擅长数据加工,纳入数据分析系统则更有利于这项工作的功能实现。

在前面的分析中,我们看到投资管理端到端流程中,会涉及很多信息系统,这些系统和投资管理系统间是一种什么样的关系呢?我们来看一下图4-17。

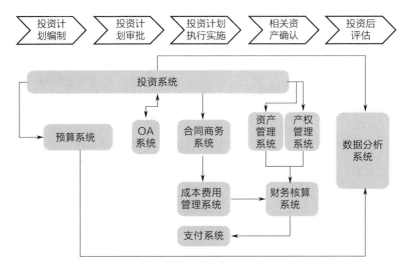

图 4-17　投资业务与相关系统集成图

在投资计划编制阶段，企业的投资计划一定是和预算系统里的资本性支出预算相互衔接的，因此投资管理系统需要向预算系统推送投资计划数据；在投资计划定稿后的审批阶段，企业需要在 OA 系统中完成计划的逐级审批，投资系统也需要和 OA 系统集成传输审批信息；在投资计划执行阶段，针对纳入投资计划的投资项目，企业会推进项目执行并签署相关合同，投资管理系统需要通过和合同商务系统的集成，将纳入计划的投资项目数据传输到合同商务系统中，在这个环节，企业可以将投资项目作为合同签署的前置条件，按照管理要求纳入合同签署审批的前置条件；合同签署完成后，企业需要逐项履行合同条款，会通过成本费用管理系统完成支付申请和审批，审批完成后的信息会传输到财务核算系统生成付款凭证，再通过财务支付系统完成付款，从前面的分析可以看出，付款环节是投资计划执行的最后环节，通过最后环节实现对投资计划的管控显然是不合理的；合同信息和付款情况也可以通过系统集成传输到投资管理系统，用于投资计划执行的跟踪；投资计划执行完成后，投资项目会转变成资产和股权，资产会纳入资产管理系统，股权会纳入产权管理系统，资产管理系统和产权管理系统里的信息也会传输到财务核算系统，自动生成相关资产账和股权账；投资管理工作的最后环节是投资后评估，基于后评估通过数据分析平台实现会更合理，所以投资系统和预算系统的相关数据会传输到数据平台，企业通过数据分析平台完成投资后评估。

从前面的分析可以看出，投资计划执行的管控在合同商务系统中作为一个合同审签前置条件更为合理，付款环节是计划执行的最后环节，最后环节只能就付款项目与合同条款的相符性实施管控，对计划本身的管控则不适合在这个环节实现。在投资管控过程中，有一个非常重要的字段，就是投资计划编号，企业依据投资计划签订合同时应嵌入投资计划编号，这个编号还需要在付款环节中体现，一直到资产或产权确认环节，都应该有这个投资计划编号，这样就通过对投资计划编号的全生命周期管理，将计划、执行、付款、确认资产等环节串联起来了。在数据分析平台，企业需要对投资计划进行后评估时，能够通过投资计划编号定位投资项目形成的资产和股权，通过财务账采集相关收入、成本数据，并结合投资目标，进行数据加工和应用，完成后评估相关工作。

前面我们通过对投资业务的分析，确定了投资管理工作的各个环节涉及的信息系统，以及这些系统和投资系统的关系，为系统集成方案的设计打下了基础。在实际的集成方案设计环节，不仅要考虑流程之间的衔接，还要考虑衔接方式的优化，减少多头产生数据的情况。我们再来看一个场景故事：

场景故事4-3 增值税系统应该和哪个系统集成？

最近 A 公司积极响应国税总局增值税发票电子化的号召。他们结合公司的实际情况，建设了本地化的增值税发票管理系统，该系统有两个非常重要的功能，一个是进项发票的管理，一个是销项发票的管理。销项发票是与公司收入端相关的，涉及两项与财务相关的工作：开具发票、收款。

在没有增值税系统时，公司业务部门会从合同商务系统生成开票信息，填写开票申请，传递给财务部门，由财务人员进行开票，同时合同商务系统会传输销售信息到核算系统，核算系统会自动生成相应的凭证。

建设增值税系统之后，就可以实现线上开票，开票信息由合同商务系统传输到增值税系统，系统自动开票，并将数据写入总局底账库。

在确定增值税系统的集成方案时，A 企业面临这样的问题：增值税系统是和合同商务系统集成，还是和财务核算系统集成？

为了解答场景故事4-3的疑问，我们需要结合数据流向分析两种不同集成方案下的数据流。

如图4-18所示，如果增值税系统同时与合同商务系统、财务核算系统集成，那数据流应该是：开票信息从合同商务系统传输到增值税系统和财务核算系统，增值税系统完成自动开票，并将开票完成信息传送回合同商务系统和财务核算系统；财务核算系统会接收合同商务系统传输的销售信息，生成收入凭证，财务核算系统还会接收增值税系统传输的开票完成信息，也就是说财务系统的销售信息和开票信息会从两个系统传输过来，一个是商务系统、一个是增值税系统，财务系统在处理数据生成凭证时，需要对合同商务系统传输的销售信息和增值税系统传输的开票完成信息进行一次校验，校验匹配后，再生成相关的增值税凭证。

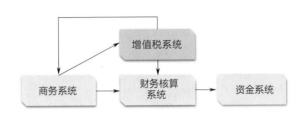

图 4-18　增值税系统集成设计图 1

如图 4-19 所示，如果增值税系统只和合同商务系统集成，那数据流是这样的：开票信息从合同商务系统传输到增值税系统，增值税系统完成自动开票，并将开票完成信息传送回合同商务系统完成自动匹配，合同商务系统先将销售业务信息传输给财务核算系统，开票后在把开票信息传输到财务核算系统；财务核算系统自动生成收入和增值税发票凭证。

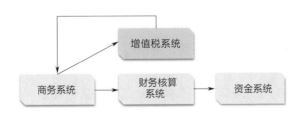

图 4-19　增值税系统集成设计图 2

对比两种集成方案，很显然图 4-19 的方案更优，销售业务信息和开票信息都是从合同商务系统传输到财务核算系统，能够减少系统接口，减少数据多方传输带来的校验工作量，提升系统运行效率，有利于提高数据质量。

通过场景故事4-1和场景故事4-2的分析得出，企业在进行系统架构设计的时候，需要考虑这样几个因素，如图4-20所示。

> 信息系统集成架构设计的时候，需要考虑的因素：
>
> ◆ 各系统规范的业务范围是否清晰？有没有交叉、混乱的地方？
>   业务定位>>>>信息系统定位
> ◆ 企业各类业务流程是什么样的？相关信息系统是不是精准反映了业务流程情况？
>   业务流程>>业务需求>>系统功能>>系统蓝图
> ◆ 业务流程背后会产生哪些数据，数据流转的流程是怎样的？有没有重复流转和绕行流转的情况？
>   系统蓝图>>线上业务流程>>流程中的数据>>数据共用需求>>数据流转

图4-20 信息系统集成设计考虑因素图

一是企业各个信息系统规范的业务范围是不是清晰的，有没有交叉和混乱的地方？信息系统定位的背后是业务定位，企业需要从业务定位的角度思考信息系统的定位，系统背后的业务范围如果有交叉和混乱的地方，是需要在系统建设前先理顺和梳理清楚的，这样才能保证端到端的流程运行顺畅，也才能把系统边界划清，避免系统之间出现交叉和混乱。

二是企业各类业务流程是什么样的？相关信息系统是不是精准反映了业务流程的情况？在企业梳理端到端流程的基础上，需要分析信息系统管理的业务在端到端流程中的情况，包括本系统管理的业务和其他业务之间的关系以及本系统和其他系统之间的关系是否清晰明确，如果存在模糊的地方，也是需要细化梳理清楚的；结合业务流程、分析业务需求，在此基础上研究信息系统能够实现的功能，本系统和其他系统的关系，才能设计出系统的蓝图；因此蓝图是由流程和需求驱动的。

三是业务流程背后会产生哪些数据，数据流是怎样的？有没有重复流转和绕行流转的情况？信息系统是由业务流程驱动的，在业务流程中会嵌入一个个的表单，这些表单就是业务流程节点上产生的数据，企业需要梳理这些数据，并分析其中是否有重复和共用的数据，再进一步分析数据流转的路径，有没有出现重复流传，绕行流转和多头流转的情况，如果有就需要进行优化。

总结一下，系统的集成和互联是要实现打通整个业务流程，实现端到端的业务流程，在打通流程中，实现数据在流程中的顺畅运行，在数据流转的过程中，一定在端到端流程的起点录入数据，比如说一个销售企业，流程最前端是基层销售网点，销售网点争取到订单、把订单信息录入后，流程中间环节通常就不能再录入对应的订单信息了，而是直接从上一环节取得数据，层层传输，最终到财务核算系统生成会计凭证。企业常常会遇到这样的问题：有时候在结账环节，发现某一订单业务出现问题，需要进行订单信息再审批和调整时，可以在中间环节调整吗？答案是：**不能**，一定要回到数据的起始点调整，从起始点再回传回来，实现单一数据的唯一来源，减少多源头数据的校验，提升效率。

如图 4-21 所示，要确保系统集成互联、数据流转顺畅，企业还需要做好以下几方面工作：

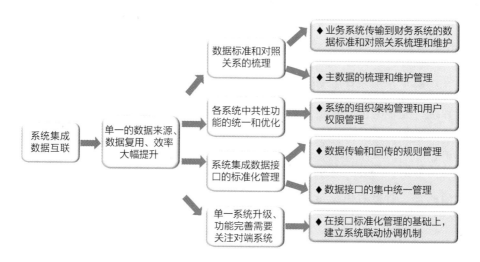

图 4-21　系统集成设计流程图

一是要做好数据标准和对照关系的梳理和维护，因为系统间的数据标准可能因为业务需要存在差异，要保证数据能在不同系统之间流转，需要梳理数据标准和对照关系并持续维护并对跨系统的主数据进行管理和维护。举个例子，企业会从业务和销售系统传输信息到财务核算系统生成收入凭证，但是前端业务变化特别快，假设企业新增加了一个业务品类，如果业务系统在增加业务品类时，没有及时更新财务系统的业务品类，业务传输的新业务数据在财务系统中就没有相应业务记录，就会造成财务缺失一部分数据，财务数据和业务数据就对不上了。所以说一方面业财对照关系的维护非常重要，另一方面，对于跨业务、财务系统的业务品类字段的管理也非常重要，比如业务系统在增加业务品类的同时，财务系统也能够同步增加，或者将业务品类作为主数据，增加后会同步传输业务、财务两个系统，保证业财的数据一致性。

二是系统集成还会涉及企业多系统存在的共性功能，可以进一步地统一和优化，让共性功能可以同时服务多个系统，而不需要每个系统都实现这部分功能。

如图4-22所示，随着信息化建设的深入，企业会建设多个信息系统，每一个系统都会有这些共性功能，比如说组织架构、用户、权限管理等，在具体的业务流程以及具体的功能上，各系统是存在很大差异的，比如说企业前面已经建了五个系统，在建设CRM系统的时候，上线实施的范围和前面五个系统是一致的，技术团队就会去思考，系统里面的组织架构、用户、权限还需要重新配置资源去开发吗？这块开发是不是重复劳动？为了更节约、更优化，我们其实可以把这些共性的功能统一起来管理，放在一个系统服务平台上来统一运行，就能提升效率、节约成本。

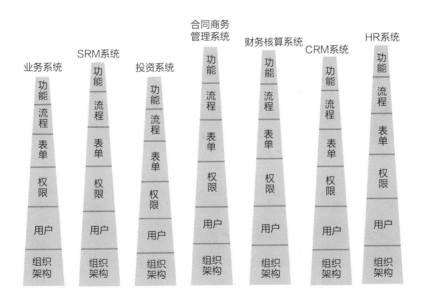

图4-22 多系统功能图

三是当多个信息系统建立起集成衔接后，企业需要考虑系统接口的集中、标准化管理。接口管理本身更侧重技术端，但是却会对财务业务产生影响。

举一个"业财集成"的例子，A集团在年底结账的时候，因为出现大量任务集中并发的情况，财务系统内存不足，系统出现了短暂停滞，导致正在运行的部分凭证没有生成，但由于系统已经给这些凭证赋予了编号，没有完成的凭证就成了占用凭证号码却没有内容的空凭证了。待到财务系统继续运转之后，会继续完成前面的工作，重新生成相关凭证。但在这个过程中，A集团下面的一家子公司就出现了业务、财务数据对不上的问题，仔细分析，问题是接口规则造成的。A集团绝大部分所属子公司都实现了业务系统和财务系统的集成，也就是财务凭证是以业务系统传输过来的数据为依据，由系统自动生成的。出现问题的公司也实现了"业财集成"，但是这家公司的业务系统向财务系统传输数据后，在财务系统给凭证赋码并回传凭证号后，接口就默认传输成功，因此当出现上述情况时，业务系统信息和财务系统信息就出现了不同步的问题；而其他公司的接口规则是业务系统向财务系统传输数据后，在财务系统成功生成凭证后才会回传凭证信息，当出现上述情况时，业务系统没有收到回传信息，就会发起二次传输或发出预警提醒，这样能保证及时发现并解决问题。如果整个集团统一管理了系统接口，明确了接口规则，那么出现紧急技术问题的时候，也可以采取统一方案进行应对。

四是在多系统集成已经建设后，整个信息系统就形成了相互连接的网，但系统本身也是需要结合业务发展不断迭代成长的，比如说企业新建一个信息系统，新系统建设后就会涉及新流程上线、新数据生成、新交互关系的产生；企业现有系统功能升级时也会影响系统输入输出数据，并对接口带来影响。因此单一系统的建设和迭代升级，一定会对其他系统以及系统接口带来影响，这就要求企业在规划设计一个系统项目的时候，除了要考虑本系统的建设方案和投入外，一定要考虑对端系统和系统接口的配套改造，以及对应的数据管理等方面的工作。

那么企业应该在什么时间点考虑设计系统架构和集成关系呢？在上一章分析企业数字化转型各个阶段的时候，我们列出了企业数字化转型需要经历的工作电子化、业务信息化、管理协同化、运营智能化、信息网络化和企业智能化六个阶段，企业需要在从业务信息化到管理协同化转变的时候考虑这个问题，因为业务信息化阶段会建设多个系统，管理协同化阶段则需要解决系统定位和相互关系的问题。

第五章
数据的加工

> **开篇思考：**
> 1. 数据加工具体包含哪些内容？
> 2. 企业数据质量的好坏为什么那么重要？
> 3. 数据治理工作是不是企业技术团队的重要工作？
> 4. 数据治理需要重点关注哪些事项？
> 5. 企业需要对哪些数据进行治理？
> 6. 治理好的数据是不是就能直接用于数据价值挖掘了？
> 7. 企业建设数据仓库并采集数据后，数据怎样存储在数据仓库中？能不能实现快速检索和查找？

在上一章中，我们分析了数据生产环节中需要关注的重点，也就是企业信息系统建设前的系统定位、系统间的交互和集成以及系统建设后的应用管理等工作。企业数据生产做得好，也就意味着系统中运行的数据质量高，企业后续的数据价值挖掘工作也就会更容易推进，效果也会更好。可以说数据质量提升和保障是企业数字化转型中非常重要的基础性工作。

数据加工阶段主要包括这样几项工作：数据治理、数据采集、数据归类和加工。这些工作可以提升企业的数据质量、实现企业数据全量全要素的集中和相互衔接，通过数据的逐级加工为后续的数据价值挖掘打下基础。

第五章 数据的加工

一、数据质量对数据价值挖掘的重要性

我们先来看场景故事"王小姐的烦恼"。

> **场景故事 5-1　　王小姐的烦恼**
>
> 王小姐是 A 公司的财务总监，A 公司每个月都会召开经营活动分析会。在会上，公司的采购、销售、运营保障等部门都会全面汇报公司的生产经营情况，王小姐也会汇报公司的财务状况和经营成果。
>
> 采购部门会用业务数据说明自己的原材料采购成本比市场水平低，而销售部门也会用业务数据来说明自己的产品销售收入比市场水平要高，运营保障部也会说明自己的部门降低了很多运营成本。最后王小姐会代表财务团队汇报公司财务状况和效益完成情况，但是老板对王小姐的汇报却很不满意，因为老板会把前面各个部门汇报的数据，比如采购成本的降低、销售收入的提高、运营成本的降低合并计算，结果跟王小姐汇报的效益情况相差很大，老板就会批评王小姐，问她为什么财务成果不像业务部门说的那么好，公司的利润都被财务算到哪里去了？王小姐也很苦恼，不知道该怎么解决这个问题。

结合场景故事 5-1，我们来思考一下，在这个案例中，每个部门都有系统，而且系统之间还建立了集成，为什么每个部门汇报的结果和财务对

不上呢？是业务部门的汇报和测算有错误，还是财务部门的汇报和测算有错误？如果有错误，可能出现在哪些方面？公司应该怎么改进来解决这些问题？

如图 5-1 所示，我们先来看看通常情况下，业务部门的数据和财务部门的数据会有哪些差异。

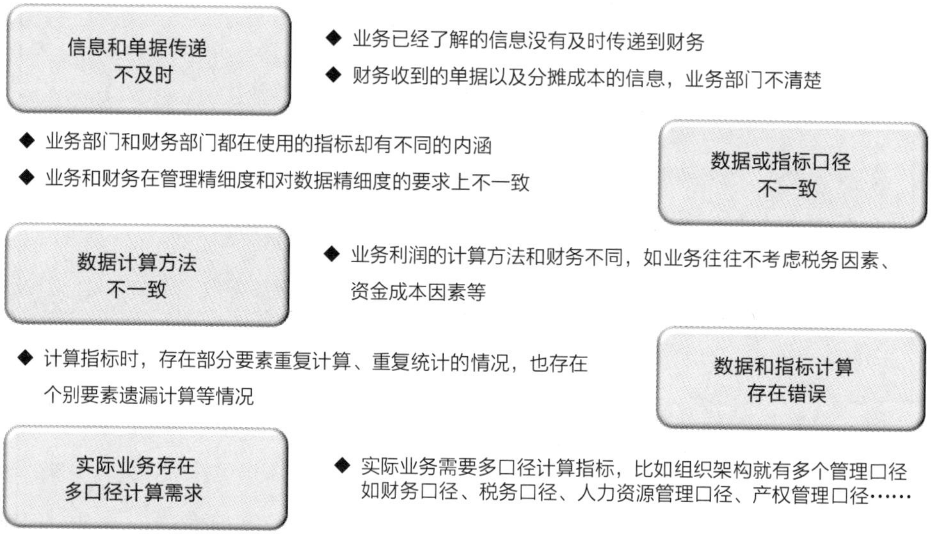

| 信息和单据传递不及时 | ◆ 业务已经了解的信息没有及时传递到财务
◆ 财务收到的单据以及分摊成本的信息，业务部门不清楚 |

◆ 业务部门和财务部门都在使用的指标却有不同的内涵
◆ 业务和财务在管理精细度和对数据精细度的要求上不一致　　数据或指标口径不一致

| 数据计算方法不一致 | ◆ 业务利润的计算方法和财务不同，如业务往往不考虑税务因素、资金成本因素等 |

◆ 计算指标时，存在部分要素重复计算、重复统计的情况，也存在个别要素遗漏计算等情况　　数据和指标计算存在错误

| 实际业务存在多口径计算需求 | ◆ 实际业务需要多口径计算指标，比如组织架构就有多个管理口径如财务口径、税务口径、人力资源管理口径、产权管理口径…… |

图 5-1　业务和财务数据差异原因图

第一个方面就是信息和单据传递不够及时。有的时候业务已经了解了信息，但是没有将相关信息及时告知财务；或者是财务收到了货款、发票单据等资料，还有分摊成本的一些信息，也没有及时反馈给业务团队。大家信息不对称，用于加工测算的数据本身就是不一致的，那么计算出来的结果也一定是不一致的。

第二个方面是数据或指标口径不一致。业务部门和财务部门都在使用的同一个指标往往却有不同的内涵，业务和财务在管理的侧重点和精细度上也是不同的，这就导致了数据和指标内涵的不同。举个例子，我们在分析"收入"的时候，有的部门会以合同条款作为基本依据来确认某个时间段的收入；有的部门是以产品和服务交付为基本依据来确认收入的；有的部门是以合同的价格和数量来计算收入，并不考虑税务因素；有的部门可能刚跟客户达成了一个意向，就把这部分业务列入收入了；财务团队则是以会计准则为基本依据，再结合合同条款及其执行情况来确认收入的。同样是"收入"，但是确认方式、数据口径都是不一样的，以此计算出来的结果自然就对不上了。在实践中，与收入相关的信息业务往往会早于财务知晓，而与成本相关的信息财务了解得会比业务更全面，尤其是公司的非变动性成本，这是由各个部门本身的职能所决定的。

第三个方面是业务部门和财务部门在数据计算的方法上会存在差异。比如业务部门在计算利润的时候，会更关注直接收入和直接成本，往往不考虑税务成本、资金成本、业务部门的行政经费等因素；而财务部门则是按照会计准则的要求进行收入、成本、费用的确认，并按照会计政策进行利润计算的。

第四个方面是数据和指标的计算有可能存在错误。比如业务部门计算效益的时候往往使用表格进行数据积累计算，表格本身不会像账套那样，修改一定会留有痕迹，表格的修改存储会相对比较随意，其中的算法也并不固定，所以计算结果是不是前后衔接、可比的，存在较大的不确定性。就像场景故事 5-1 中，采购部门说自己的采购成本低，是和什么比较得出的结论？销售部门说自己的销售收入高，又是和什么比较得出的结论？采购部门比较的标的和销售部门比较的标的是不是一致的？如果不一致，那两个标的差异由哪个部门负责？所以计算错误也是造成业财差异的一个重要原因。

第五个方面是在实际业务中，本身就会存在不同业务有不同口径的情况。举个例子，企业集团在涉及组织架构的时候，就会有多个管理口径存在，比如财务核算系统中的组织架构是以财务口径确定的，在财务核算系统里最核心的是账套，所以账套就是核算系统中最基本的组织；在税务管理时，关注的是独立纳税主体，也就是税号，所以税务关注的组织架构是以税号为基础界定的，税号不一定等于账套，可能有的分公司有税号但无账套，有的分公司则有账套而无税号；同样企业人力资源管理口径、产权管理口径和投资管理口径在组织架构上都有各自的特点，也都存在差异，而这个差异确实是符合实际情况的。

我们再继续思考一下，企业建设信息系统是为了什么？是为了让业务流程到线上去跑，让流程中的数据也在线上高效运行，这是一个在线上生产数据的过程。而场景故事 5 - 1 中的经营活动分析会，是企业把数据结合实践需要进行应用的过程，企业的业务部门、采购部门、运管管理部门都会把相关系统里的数据拿出来进行一个测算和应用，来说明一些实际问题。但是如果在应用数据前，没有对数据口径、指标口径和数据计算方法有一个很好的梳理，数据应用得出的结论很有可能不精准、不正确，甚至有可能会误导决策者。我们上面说到的数据标准、数据口径、指标口径、计算方法等都会对数据质量产生重要影响，进而影响数据应用的结果和数据挖掘得出的结论，因此数据质量对于数据应用和数据挖掘非常重要。

我们再回顾一下，在第二章讲到信息化和数字化关系时，我们使用过图5-2。

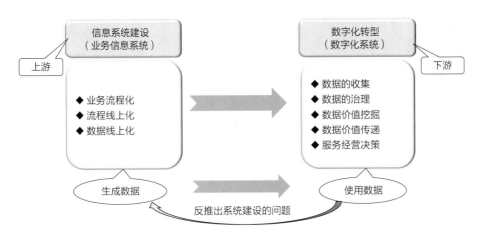

图5-2　企业信息化和数字化关系图

从信息化到数字化，是一个平稳、逐步过渡的过程，是一个从生成数据到使用数据的过程，也是一个梳理上下游关系的过程。信息系统建设是上游工作，数字化转型是下游工作，也可以说信息系统建设是夯实基础，而数字化转型是我们在此基础上让数据产生价值。企业在进行信息系统建设的时候，往往不能前瞻性地预测数据应用时可能出现的问题，实际工作中，企业常常在使用数据的过程中发现数据存在很多的问题，再回过头来反推出系统建设中的一些问题，这就是一个信息化和数字化不断交互、不断反馈，再不断优化的过程。

二、数据治理需要考虑的因素

在数字化转型的实践中,企业的数据生产、数据采集、数据存储加工等各个环节都涉及数据治理工作。数据治理得好,就能帮助企业提升数据质量,把各个系统数据打通,企业可以利用全量数据服务生产经营和决策。

数据治理并不是对企业数据进行简单的梳理、确定数据标准,也不是一个项目、一次简单的阶段性工作;而是需要建立起一套体系,体系中各个主体持续地推进各项数据治理工作,这是一项需要多部门协同的常态化工作。

如图5-3所示,企业在数据治理工作中,需要特别关注以下几个要点:

企业视角	◆ 从企业整体视角分析数据,基于端到端的流程和系统设计,制定数据治理方案
业务负责制	◆ 数据是从业务中产生的,由IT系统承载,要对数据进行有效治理,需要业务充分参与、IT系统确保遵从
分类治理	◆ 数据本身具有不同的属性,数据治理需要结合数据属性进行分类,结合不同属性的数据的特点制定不同的治理方案
分层管理	◆ 随着企业发展,数据量不断增加,要根据业务域对数据进行分层管理,便于数据快速检索和应用
数据源唯一	◆ 数据源是业务首次正式在系统中录入的数据,每一个数据有且只有单一数据源,数据更改应在数据源进行
融入系统建设	◆ 数据治理要融入流程设计和系统实施,在IT产品团队中设置系统架构师和数据工程师

图5-3 数据治理关注点总览图

1. 企业视角

在数据治理过程中,需要始终以企业整体视角进行数据的梳理,基于端到端的流程和系统设计,制定数据治理方案。

以客户数据管理为例,企业会有多个部门的工作涉及客户,销售部门要进行客户维护、挖掘并满足客户的需求、与客户签订销售合同;信用管理部门会对客户的资信情况进行评估,确定企业可以给予客户的授信资源;财务部门需要和客户进行结算,涉及物权和服务的交割跟踪、合同条款的结算、发票开具、回款等方面。不同部门对客户信息的需求是不同的,在企业梳理客户数据的时候,就不能只考虑销售部门的需求,还需要基于从合同到收款的端到端流程,对客户数据进行定义,并明确需要的客户信息维度。

我们来看场景故事"C集团到底欠多少钱?":

场景故事 5-2　C集团到底欠多少钱?

B公司是一家大宗商品(油品)贸易商,主要从上游油田和供应商采购油品,销售给下游的用户(运输企业)或其他客户,B公司有20多家所属公司,其中4家公司负责集中从上游采购,销售给下面18家销售网点,还有2家公司负责油品的供应链保障。

最近B公司的一个大客户C集团公司出现了经营问题,申请了破产保护，B 公司需要在最短时间内测算 C 集团破产可能带来的风险和损失，于是 B 公司的老板就要求财务部门梳理出公司对 C 集团的全部应收账款，并评估可回收性。

财务部门接到任务后，本以为半天能够梳理完，但梳理过程中却发现了以下问题：

- 公司并没有建立起 C 集团的客户架构，包括各网点和 C 集团所属公司产生的应收账款，因为没有 C 集团的产权架构树，不能马上识别出应收账款是否属于 C 集团的应收账款。

- 公司所属的 18 家销售网点在进行销售业务记录时，对客户名称的记录采用的方法并不统一，有的公司使用的是全称，有的公司使用的是自己编制的简称，有的公司使用的是缩写，即使是一家公司的应收账款，也会因为使用名称方式的不同，不能在公司层面整体贯通，还需要逐家公司梳理并建立起对照关系，才能进行汇总。

- 各公司财务系统和业务系统对客户名称的记录也不统一，财务记录以发票上的客户名称为准，但业务部门则根据自己习惯记录，还需要进行业财之间的核对。

- 财务部门希望从客户其他信息，比如公司税号、工商登记号码等角度进行数据梳理，但发现公司没有建立起客户信息积累机制。

从场景故事分析中，我们不难发现，B 公司的客户管理工作存在以下问题：

◆ **客户信息不完整**

B 公司的客户管理工作主要由销售团队负责，但销售团队在各个销售网点开拓各自的市场，没有整合成一个整体，因此在客户管理和信息维护方面，存在分散、不规范等方面的问题，体现为客户名称不统一、客户信息不完整，没有办法从整体上进行汇总整合。另外销售团队是从自身销售业务的角度进行客户管理的，并没有考虑到信用管理部门和财务部门的需求，没有收集客户的税号、银行账号等方面的信息，也没有定期收集客户财报的资料，当客户出现问题时，B 公司整体反应并不灵敏，很可能会形成较大的风险，导致损失。

◆ **数据架构不合理**

客户 C 集团是一个集团型公司，下面也有很多的网点，B 公司需要站在企业整体角度，对 C 集团进行大客户管理，需要建立起 C 集团的产权树，定期维护产权树，这样不管是哪个网点与 C 集团所属公司发生业务，都能够快速统计出 B 公司与 C 集团的业务开展情况，不仅可以控制公司整体风险，也能够为后面站在公司角度维护大客户、开展更有竞争力的销售谈判打下坚实的基础。

◆ **多源头数据录入**

B 公司的客户管理和客户信息维护主要由销售部门承担，但是销售部门仅仅出于自身业务的需要对客户信息进行了维护，维护的信息不完整，缺少财务需要的税号、银行账号等信息，导致财务部门在财务系统中也要对客户信息进行维护。因为没有从公司整体角度指导客户信息的维护，导致销售、财务在客户名称的维护上存在差异，也会导致销售团队基于他们的客户信息整理出的数据和财务团队的数据核对不上，需要进行大量的客户信息数据对照，才能实现跨口径的数据核对。

◆ **数据源头录入存在问题**

在各个网点进行客户数据维护的时候，因为没有公司整体的统领，各网点各自进行维护，会导致 B 公司和 C 集团所属的同一家子公司进行交易的时候，不同网点对这家子公司使用的名称都不一致，这又会更大程度地增加数据清理核对的工作量。

从上面场景故事的分析可以看出，B 公司在客户管理方面没有从公司整体角度出发，而是各个部门各自为战，同时销售团队也没有和信用管理、财务等团队协同，导致客户信息分散，难以统一。

2. 业务负责制

企业的数据是从业务中产生、由 IT 系统承载的，IT 人员是无法对数据进行定义并对数据质量负责的，因此需要由业务部门承担数据管理责任。企业在数据治理时，需要对数据进行全面梳理，明确数据的业务负责人，每个数据只能有唯一的数据负责人。

以场景故事 5-2 为例，对于客户数据的管理维护，通常是由销售部门负责的，因为客户管理的业务源头在销售这里；但同时，销售部门不能只关注自己业务的需求，就客户管理而言，需要站在从线索到销售、从销售到回款的全流程角度，协同各个相关部门的需求，统一进行客户数据的管理和维护，这就是站在公司视角的业务负责制。数据负责人要负责保障所管理数据的数据质量，回应公司各个部门对所管理数据的需求，对所管理数据的问题和争议进行裁决。

3. 分类治理

企业在进行数据管理的时候，通常会结合数据的特点，对数据进行分类，并针对不同类别的数据，采取不同的治理方案。

如图5-4所示，我们可以结合企业数据的实际情况，对数据进行以下分类：

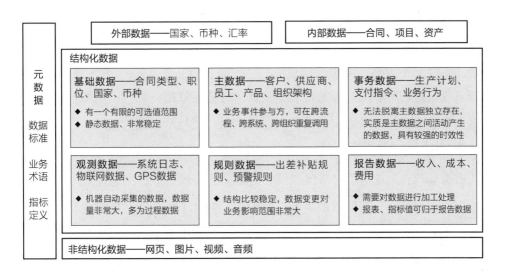

图5-4 数据分类管理示例图

数据按照来源，可以分为内部数据和外部数据，企业数据中绝大部分为内部数据。按照数据结构特征，可以分为结构化数据和非结构化数据，结构化数据是由二维表结构来逻辑表达和实现的数据，严格地遵循数据格式与长度规范，通俗地说，就是数据库，是企业信息系统中存储的主要数据；非结构化数据是不适于由数据库二维表来表现的数据,包括所有格式的办公文档、XML、HTML、图片和音频、视频信息等;随着企业信息系统建设的不断深化,企业数据中,绝大部分数据为结构化数据。

结构化数据又包含基础数据、主数据、事务数据、观测数据、规则数据和报告数据。

基础数据通常是静态数据,如国家、币种等,一般在业务事件发生之前就已经预先进行了定义。当基础数据的取值发生变化的时候,通常需要对业务流程和信息系统进行适配分析,如需要则要进行修改完善。对于基础数据管理的重点在于统一标准管理和后续的变更管理。

主数据是在信息系统之间共享的数据(例如,客户、供应商、账户和组织相关的数据等),主数据也是业务事件的主体或资源,具有高业务价值、跨流程、跨系统重复使用的特点。主数据与基础数据具有一定相似性,即都是要在业务事件发生之前进行预先定义,但是又与基础数据不同,主数据的取值范围是随着企业发展不断发展变化的,不同于基础数据,稳定性不高。主数据管理在企业的信息系统建设、信息系统集成和数据质量提升等环节中发挥着重要作用。在场景故事 5-2 中,"客户"就是企业非常重要的主数据,在实际管理中,需要明确销售部门作为这个主数据的数据负责人,全面梳理 B 公司的客户信息,再进一步结合信用管理部门、财务部门的管理需求,明确该数据的主要属性,比如:客户编码、客户名称、客户地址、客户性质、客户银行账号等,确保数据维护的及时、准确、完整、一致、唯一和有效。在信息系统中,用户不能再单独录入客户信息,而是调用主数据平台上预先维护好的客户信息,确保各系统调用信息的一致性,为后续的数据提取和采集打下基础。

我们再举一个示例，如图 5-5 所示，企业在建设网银直连功能的时候，财务核算系统会接收来自商务系统的经营费用支付信息，同时也会接收来自费控系统的行政费用支付信息，核算系统会根据相关信息生成付款凭证，并将支付信息传递到网银系统完成支付。要实现这个功能，企业面临一个实际问题，即供应商名称和银行账户信息应该在哪个系统中维护。

图 5-5 银企直连数据流示例图 1

如图 5-6 所示，如果没有主数据管理，很可能三个系统都在维护供应商名称和银行账户信息，支付信息传输到财务系统后，为了确保支付信息不出现差错，企业会在财务核算系统中增加校验功能，经过校验的支付信息才能传输到网银系统。

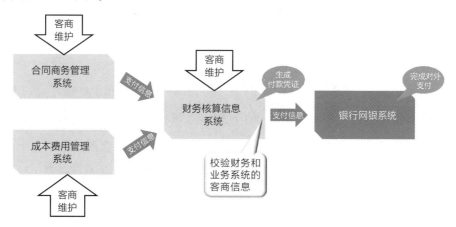

图 5-6 银企直连数据流示例图 2

如图 5-7 所示，如果企业建设了主数据管理系统，所有与供应商有关的信息都会在主数据管理平台进行录入和管理，同时由数据负责人，即采购团队对供应商主数据进行持续的维护管理，商务系统和费控系统只能根据业务需要从主数据平台上调用供应商信息，财务系统也可以根据需要从主数据平台上调用供应商信息，因为数据都是从唯一的源头，即主数据平台调用的，财务核算系统无须校验就可以直接将支付信息传输到网银系统，完成支付。这样流程更为顺畅，数据出现差错的风险大为降低，更为重要的是，原来在三个系统中都需要对供应商信息进行维护管理，现在只需要在主数据平台进行管理就可以了，也大大提升了效率。

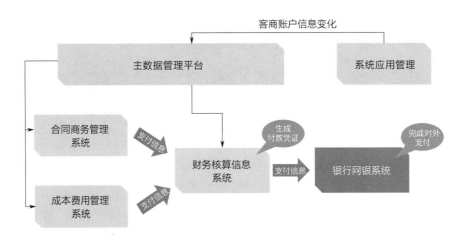

图 5-7　引入主数据管理的银企直连数据流示例图

事务数据是在业务和流程中产生的对业务事件进行记录的数据，构成业务运作的一部分。事务数据具有很强的时效性。事务数据管理的重点在于过程管理，就是要对业务过程中调用主数据和基础数据的过程进行管理，同时还需要管理好事务数据和其他事务数据的关系，确保流程顺畅，上下游数据传递正常。

观测数据是通过观测工具获取的数据，观测数据通常数据量较大，而且是过程性的。观测数据管理的核心是要明确观测的业务对象，观测数据的采集和分析都应该围绕观测的业务对象进行。

规则数据是描述业务规则变量（决策表、关联关系表、评分卡等形式）的结构化数据，是实现业务规则的核心数据。规则数据结构相对稳定，其变化主要是对内容的刷新。

报告数据是指对数据进行处理加工后，用于业务决策支持的数据，一般指企业中的各类报表和指标。比如利用财务系统中数据生成的财务报表及其附注表格，以及在表格基础上加工的主要财务指标就属于报告数据。报告数据管理的重点是数据加工的方法和逻辑，以及数据分析使用的各类函数的逻辑等。

4. 分层管理

从前面的分析我们会发现，数据按类别区分，是多种多样，也是非常大量的；在数据加工的过程中，还会生成一些新的数据，比如报告数据等，说明数据也会随着逐层加工而不断增加。那么我们应该怎样管理数据，才能实现对数据的快速检索和提取呢？

这就需要对数据进行分层管理，分层管理并不是随意进行分层，而是要结合企业的业务实际，以端到端的视角进行分层管理。

如图5-8所示，**首先确定业务大类**，比如从采购到付款、从机会到销售、从销售到回款、财务类、人力资源管理类等大类，企业可以结合波特价值链确定业务大类；其次是在业务大类下，**再细分业务领域**，以从机会到销售为例，企业可以将这个业务大类细分为市场调研、销售业务、客户管理等业务领域；在确定了业务领域后，可以**在业务领域下进一步细分业务对象**，比如在销售业务中，业务对象主要是报价单、合同、结算单、发票等，业务对象还会形成业务流程、业务规则，企业需要对业务对象，及相应业务流程和业务规则进行管理，就可以结合业务对象特点、流程、规则，**确定业务对象管理的重点，形成业务对象的管理要素**，也就是业务对象的属性，用于描述业务对象某方面的性质和特征；比如针对合同这个业务对象，其属性包含了合同编号、合同名称、交易双方、合同金额、结算条件等属性，这里需要注意的是，业务对象的属性要在数据治理层面梳理清楚，确保完整，所以需要有端到端的思维，由数据负责人牵头汇总并整合各个部门需求，梳理出业务对象的全量属性。

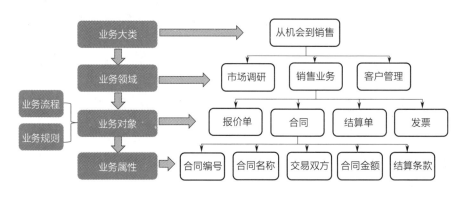

图5-8 数据分层管理示例图

在数据分层管理中，最难的是定义业务对象。业务对象具有哪些特点呢？业务对象是企业在某个业务领域重点管理的对象，业务对象不是一成不变的，而是不断发展和变化的。比如在销售业务领域，我们需要管理的业务对象是合同，合同本身会随着业务量的增长不断增加，也会随着业务的迭代产生变化，还会衍生出合同管理的流程和合同条款规则等；又如档案管理领域，文档是一个看起来很稳定的对象，但当它需要很多人接力来完成的时候，它就可能是业务对象，每个人在文档上的动作增加了内容、删除了内容、修改了内容，这些"增、删、改、查"的行为，就是在不断地完善这个对象，促使这个对象变化发展。

5. 数据源唯一

数据源唯一就是数据同源共享，每个数据都应该有唯一的数据来源，也就是相关经济行为发生的初始点。比如场景故事 5 - 2 中，如果公司建立了客户准入机制，那么"客户"这个数据应该最初在客户准入环节产生，它也是公司重要的主数据，所以应该在客户准入环节由销售团队或客户管理团队在主数据平台录入客户信息，包括公司需要的与客户相关的全部信息，比如客户编码、客户名称、客户性质、客户税号、客户银行账号、是否提供授信、授信额度和账期等，后续与客户相关的业务，在其他各类信息系统中应用时，只能通过主数据平台调用数据，不能在系统中进行录入，这样确保数据源的单一和唯一。

在信息系统集成的环节，有的时候下游系统需要引用上游系统的业务数据，最常见的就是业财融合，财务系统需要业务系统推送业务数据，自动生成会计凭证。如果在信息传递过程中，发现前面系统提供的数据出现错误了，究竟应该在哪个环节进行修改呢？首先要找出差错原因，然后在差错源头进行数据修改，这样才能确保数据在传递和应用过程中的准确和完整。

总结一下，在信息系统集成过程中，企业需要做到以下几点：需要确保下游系统和应用不从非数据源系统集成源头数据，确保下游系统和应用集成合法数据源，且不能修改数据的属性，确保在下游系统和应用中不可进行数据补录，确保下游系统和应用不向后传递源头数据。做到这些，才能实现"源头定义，全局共享"的目标。

6. 融入系统建设

企业的数据治理工作不是一个项目，也不是一项运动，而是一套持续运行的体系，这套体系贯穿企业所有的业务流程，也指导企业各项信息系统的建设和应用，所以一旦确定数据治理方案，除了对存量数据进行梳理和优化外，还需要将数据管理要求纳入系统建设和应用的各项工作中，确保信息系统的建设和应用符合数据治理要求，也就能够保证新增数据的质量符合要求。

三、企业发展各个阶段的数据治理工作

前面我们分析了企业数据治理工作需要考虑的六个因素，可以说是比较复杂的，也更适用于大型企业。那么中小型企业是不是需要推进数字化转型，是不是也需要做一些数据治理方面的工作呢？我们在这一部分进行分析。

如图5-9所示，对于小型企业来说，与已经建设的信息系统相关的数据就成为企业的线上数据，会沉淀在信息系统中。而没有上线信息系统的业务所产生的数据，如与市场、客户、供应商和供应链相关的线下数据，通常会沉淀在个人手中，比如相关工作人员的笔记本和终端中，这些数据都是企业的数据资源，企业是需要进行积累汇聚和统一管理的。对于小型企业来说，最便捷的方式是建立报表平台（如采购、销售、运营、财务等报表平台），既可以专门建设报表平台，也可以在数据规模不大的情况下，利用集中管理的表格文件、共享文件夹等现有的办公工具做好数据的积累。在数据积累的过程中，企业需要不断梳理和积累不同系统之间、线上线下数据之间、不同

部门之间的口径和差异。

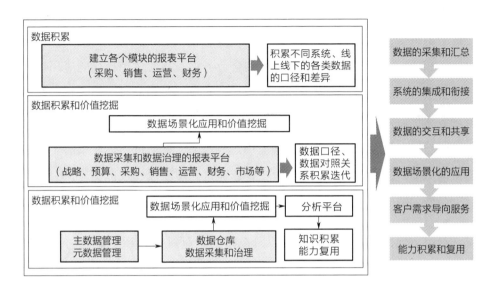

图5-9 企业各发展阶段的数据治理工作图

对于中型企业来说，企业拥有的数据量已经大幅度增加了，企业不仅要实现小型企业那样的数据积累，还需要结合业务场景和业务需求进行一定的数据挖掘，通过对数据的场景化应用和价值挖掘，促使企业各层面对数据驱动和数据应用有充分的认识，不断培育公司的数据文化。在数据积累、数据场景化应用的过程中，企业需要特别关注知识积累，这里面不仅包含数据口径、差异的积累，还包含数据应用场景和方法的积累，为后面体系化的数据管理工作打下良好基础。

对于大型企业来说，数据量不断增加，数据管理需求变得非常迫切，企业需要通过数据治理让线上数据的质量不断提升，企业开始建设与数据相关的系统，比如主数据管理系统和元数据管理系统。主数据管理解决的是跨系统的数据的口径管理，元数据则是数据的数据，是对数据属性进行的定义。

在建设数据系统的基础上,企业的线上数据和线下数据量都非常大,汇集数据的工作已经不是一个报表平台能够解决的了,企业需要建设数据仓库来管理海量的数据,需要通过元数据对采集到数据仓库中的数据进行进一步定义并赋予相应标签;同时,企业还需要结合业务需求,通过场景化的应用挖掘数据价值,形成数据应用能力的不断积累。在数据应用的过程中,企业还会发现数据价值挖掘需要针对不同的需求者,提供不同的分析内容,需要做到"千人千面",因此企业需要对数据应用进行积累,并通过数据应用的多种组合来满足不同需求,在这个过程中,企业通过知识积累实现能力复用,最终达到敏捷、精准交付的目标。

通过上面的分析,我们看到不同规模的企业对信息系统建设的需求是不同的,但是这些企业都需要做好数据积累、数据管理和数据挖掘等方面的工作,需要为数字化转型打好基础。如图5-9所示,最上部分适用于小型企业,中间部分适用于中型企业,最下部分适用于大型企业。尽管内容存在差异,但归纳起来主要涉及以下几点:一是数据的采集和汇总,二是系统的集成和衔接,三是各个领域协同共享和可比,四是结合场景的数据应用,五是以客户需求为导向的数据服务,六是知识积累和能力复用。

四、数据的采集和加工

上面我们分析了不同发展阶段的企业在数据方面的工作,对于大型企业来说,需要通过数据仓库和数据管理平台来实施数据的采集和加工,在数据的采集和加工过程中,数据就像是原材料,也会经过层层的加工工序,变成不同层级的半成品,最终形成产品备件,通过备件组合,最终交付出数据分析报告。那么企业的数据平台是怎样架构的呢?图5-10就是一个简单的示例。

第五章 数据的加工

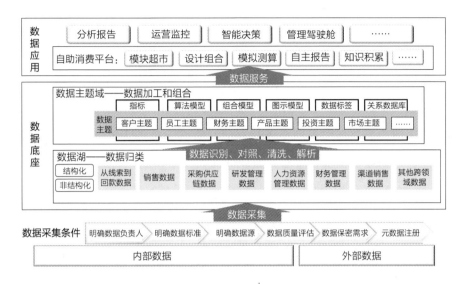

图5-10 数据平台架构示例图

企业通过信息系统建设形成大量的线上数据,同时企业还在不断收集和积累线下数据和外部数据,要通过数据平台把这些数据汇聚起来,数据需要满足一定的质量条件,比如需要有明确的数据负责人,数据负责人要明确定义数据的标准和属性,企业需要明确数据最初始的源头,确定数据的保密要求,还需要在入库前进行数据质量评估,根据前面的标准属性确定入库后需要设置的标签和元素(元数据),然后数据才能被采集到数据平台中。

数据进入平台后,首先进入数据湖,在这里数据并不是随意存放的,而是需要结合数据来源、数据属性、数据定义进行归类和有序存放,比如按照结构化和非结构化进行分类,同时结合业务大类和业务领域进行分类存储。此时的数据已经成为企业的数据资产,也就是数据原材料了。

接下来,企业需要结合业务需求和场景需要设计数据挖掘方案,就可以开始进行数据加工了。在多数情况下,企业往往不是只实施一次加工就直接呈现数据分析报告的，而是需要经过多次加工，在这个过程中，需要逐层对加工后的数据进行沉淀，并按照数据加工需求，进行分类有序的存储，比如企业会形成客户主题、员工主题、财务主题、销售主题等主题域。同时企业需要将数据加工过程中生成的指标、计算方法、数据组合方案、分析使用的关系数据库等同步进行存储，实现数据加工方法的沉淀，这部分功能就是企业数据平台中非常重要的知识积累和能力复用的功能。

最后就进入到企业的数据应用和消费的部分了，为了实现数据分析随需而变、千人千面的目标，企业需要在最终展示和分析报告之前，设立数据消费平台，组合控件、算法等能力，企业分析团队可以结合业务需要，在平台上对数据分析成果的模块进行组合，为不同用户提供各种分析服务。

其实数据采集和加工的过程和生产制造企业加工产品非常类似，只不过在数据平台上，企业加工的是数据，生成的是数据分析服务和产品。

如图5-11所示，我们将数据采集、加工、数据服务提供的过程与制造企业的产品制造过程做一个比对：

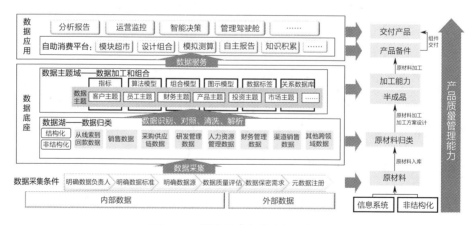

图5-11 数据平台架构分析示例图

数据采集像是原材料采购和验收的过程；数据的入湖像是原材料入库并分类存放的过程；数据加工和组合像是制造企业的产品设计和原材料加工过程，数据加工出来的主题域像是进一步生产出来半成品存放的半成品仓库，同时企业的模型组合积累，就好像是制造企业研发能力的积累；企业数据自助消费平台上存放的模块、设计组合、模拟测算等，就像是制造企业一个个的产品备件；最终交付的分析报告、数据决策和管理驾驶舱就好像是制造企业交付给客户的最终产品和服务。在数据领域，从下到上贯穿的是企业的数据治理能力，而在制造领域，从下到上贯穿的是企业的产品质量管理能力。

通过这样的类比，我们可以理解，企业数据治理其实和制造企业的产品质量管理一样，是贯穿企业从数据生产到数据加工再到数据应用的全过程的。

第六章
数据价值挖掘

> **开篇思考：**
>
> 1. 数据分析是要通过数据价值挖掘解决哪些问题？数据价值挖掘的核心目标是什么？
> 2. 数据分析如何帮助用户解决实际问题？
> 3. 数据分析报告为什么要做到千人千面，满足不同用户的需求？怎么才能做到？
> 4. 为什么说数据价值挖掘是一个 PDCA 的循环？
> 5. 数据价值挖掘的成功要素有哪些？
> 6. 数据价值挖掘有哪些难点？又该怎么突破呢？

在上一章，我们分析了企业在数据加工环节通过数据治理提升数据质量，在数据平台汇集数据资产，为数据的价值挖掘做好准备。本章我们重点分析数据价值挖掘的目标和方法。

一、数据价值挖掘的核心目标

财务人员在数据挖掘的过程中，常常遇到很多困惑，明明非常努力，想了很多办法、做了大量工作，但是效果却常常不尽如人意。我们一起来看看场景故事 6-1："小王应该提供什么样的分析报告？"。

场景故事 6-1　小王应该提供什么样的分析报告？

小王是公司分析团队的负责人，他所在的分析团队是公司的共享服务部门，分析报告的使用团队每月都会对小王所在的分析团队的服务质量进行评价，最近小王发现报告使用部门对他们的评价都不太好，他有点困惑，分析报告做得很认真，里面也有很多内容，但是为什么各使用部门却不认可呢？

于是小王去请教了同行小林，小林的分析团队做得很成功，小林问了小王这样几个问题：

- 你们提交给销售部门、采购部门和市场部门的分析报告是一样的吗？

- 你们提交给公司不同层级人员的分析报告是一样的吗？

- 你们的分析报告里面有建议吗？建议在后续工作中好落地吗？

小王认真思考了一下，回答：

- 我们会做一套特别细致的分析报告，同时提交给公司的各部门和各位领导，也就是我们提交的报告是一样的；

- 我们的报告侧重数据分析，数据背后的动因以及可采取的措施，不是分析报告的重点。

小林说：

- 你们的报告没有针对需求,没做到千人千面,这样的报告业务部门就会觉得没有用,服务评价不会太高;

- 数据分析的目的是发现问题和解决问题,如果只是就数据说数据,报告中没有建议,没有措施,那很难产生价值。

- 所以说,数据价值挖掘的核心是解决实际业务问题,帮助业务部门改善运营现状。

其实这个场景故事告诉我们,数据价值挖掘的核心目标是为分析报告的用户创造价值,说直白一些,就是能够让用户理解,解决用户的实际问题,才能为用户创造价值。

对于小王来说,他需要怎么改进,才能实现数据价值挖掘的核心目标呢?首先小王需要知道,不同部门的关注点是不一样的。如图6-1所示,我们先来看看横向角度不同团队的需求差异:

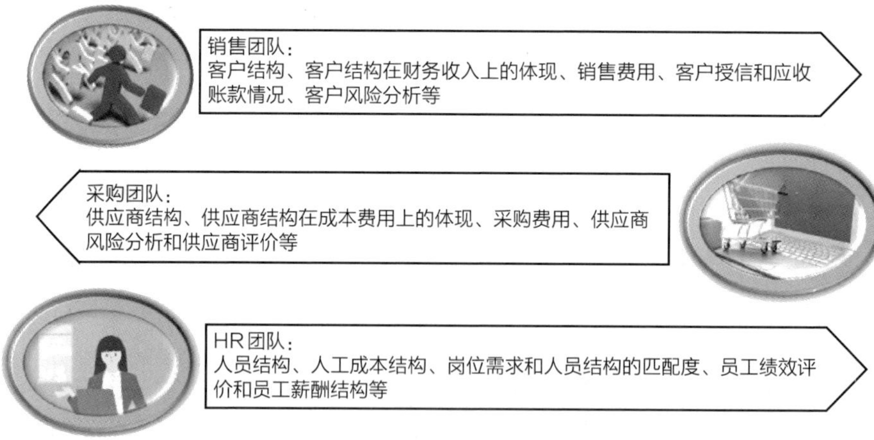

销售团队:
客户结构、客户结构在财务收入上的体现、销售费用、客户授信和应收账款情况、客户风险分析等

采购团队:
供应商结构、供应商结构在成本费用上的体现、采购费用、供应商风险分析和供应商评价等

HR团队:
人员结构、人工成本结构、岗位需求和人员结构的匹配度、员工绩效评价和员工薪酬结构等

图6-1 企业不同团队的关注点示例图

比如说我们的销售团队，他们是天天面对客户的，他们会特别关注客户结构，以及客户结构在财务收入上的体现，哪些客户是公司高附加值的客户？公司销售费用、客户授信和应收账款的情况到底是怎样的？有没有客户风险？应该怎么规避风险，可以采取的措施有哪些？如果小王的报告涵盖了各个方面的信息，比如大量的采购信息、资产信息、HR 信息等，报告会非常厚，企业的销售团队很可能翻两页报告就不想看了，因为要找到需要的信息，要花费他们大量的时间和精力。

再比如，公司的采购团队每天都要面对与供应商的沟通以及供应商的选择，他们会关注公司的供应商结构以及供应商结构在企业成本费用上的体现，公司采购的商品质量怎么样，有没有出现售后问题以及出现售后问题的占比，公司采购成本的变化情况，哪些品类性价比高，公司是否定期对供应商进行评价等。分析下来，我们会发现采购团队的核心关注点在供应商和采购业务上，分析报告如果提供给采购团队大量的销售信息或者行政经费信息，采购团队也是会觉得没有用的。

HR 团队关注的是公司的人和岗，人是供给，岗是需求。HR 团队需要实时知道公司到底有多少人，人员的结构（比如人员年龄结构、专业结构、成本结构等），同时也要关注公司需要哪些岗位，每个岗位的要求是什么，公司未来的岗位需求和现在相比会有哪些变化，人和岗的匹配度如何，员工的绩效评价和薪酬结构等。

从上面的分析可以看出，公司不同的业务团队对分析报告的需求是存在非常大的差异的。对小王来说，他可以在共享团队层面做一套整体的分析，这套分析包括采购、销售、运营、HR 等，在提交给不同团队的时候，需要结合不同团队的需求，提交对他们有用的报告。

如图 6-2 所示，我们再来分析一下纵向角度不同层级领导的业务关注点，比如从"财务"到"老板"的各个层级关注点的差异。

老板：
未来市场机会，商业模式选择，业务结构布局、网点结构布局、资产结构布局、人才结构布局的现状和优化方案等

CFO：
资金债务状况、资源布局情况、财务资源能否支持公司业务拓展需要、拓宽资源的方案测算、税务筹划、财务团队现状和未来发展

财务经理：
公司的盈利情况、财务状况和现金流情况、业务的支持和服务、具体财务业务的落地情况

图 6-2　企业不同层级人员关注点示例图

公司的老板首先关注的是公司的战略方向选择，就是公司未来的市场机会在哪里，现在的商业模式是否存在问题，未来公司的商业模式需要进行哪些调整等；其次是公司的架构和结构，比如公司的业务结构是否合理，具体的业务布局和网点布局是怎样的，公司资产结构布局和人才结构布局，现状和优化方案。老板关注的是战略层面，他希望通过过去和当前去看未来 5 到 10 年的机会，确定未来的策略和布局，所以给老板提供的分析报告要侧重战略层面和公司整体架构分析。

公司的 CFO 关注更多的是财务资源，公司资金债务和资源布局的情况，现有资源能否满足公司现在业务需求，有没有优化空间；公司战略方向确定后，现有资源能不能满足未来业务发展需要，怎么筹集财务资源支持战略发展，比如公司是采取股权融资还是债权融资，是采取直接债务融资还是间接债务融资等；再比如公司不同商业模式下的税务成本和筹划方案等。对于 CFO 来说，需要大量的数据进行这方面的分析决策。

再来看财务经理，他们会更关注落地执行方面的工作，比如说公司的盈利情况、财务状况、现金流的情况，当前财务给业务提供的支持和服务，以及具体财务管理要求落地的情况等。

从纵向看，公司老板、CFO 和财务经理关注的侧重点和颗粒度是不同的，提供的报告也是要有差异的。实务中，横向拆分报告的难度要小于纵向拆分报告，尤其是给公司老板的很多预测判断的辅助信息，有时候需要考虑提供多个维度的数据分析。还有一点是特别重要的，就是给老板的分析报告，展示方式要特别的简洁，说明问题也要突出和清晰，让老板用最少的时间和精力发现问题是非常关键的。

那么作为分析团队，应该怎么找到不同团队的关注点呢？实际工作中会有很多方法。比如在日常工作中要特别关注公司的战略和商业模式有没有什么变化，可以参加公司的经营活动分析会，通过在会议上听取各部门的汇报，分析他们的关注点；还可以参加公司务虚会、年度会、年中会，学习会议文件，从中捕捉老板和 CFO 的关注点，找到后续分析的重点；还可以搜集公司内各部门的工作总结和计划，列席部门工作例会，了解各部门的工作重点，结合重点不断优化分析报告；最后分析团队还要特别重视和业务部门的交流，在交流过程中了解他们的关注点。分析报告做出来后，还需要反复征求各个部门的意见，不断修改、优化和迭代，分析报告才会有生命力。

总结一下，数据价值挖掘的核心目标是要通过数据分析，找到影响业务运行的问题，帮助业务团队解决问题、改善运营，为企业创造价值。

二、数据价值挖掘的 PDCA 循环

企业的数据价值挖掘，从数据生产、加工、应用的数据产业链角度看，可以用图 6-3 进行说明。

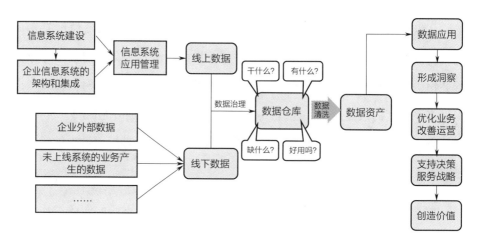

图 6-3　数据价值挖掘全流程图

企业通过信息系统建设、系统定位、架构设计和系统集成等工作，实现各类业务线上化，形成线上数据；同时企业会汇聚线下数据，如外部数据、未上线系统的业务数据等，通过数据采集，集中到数据仓库中。数据集中到数据仓库后，企业需要结合数据应用的需求，设计数据分析方案，重点思考：要用数据干什么，也就是数据价值挖掘的目标是什么，要实现这个目标，现有的数据仓库中的数据是否足够，如果不够，还缺什么数据，到哪里去采集或加工，现有的数据质量能否满足数据价值挖掘的需要等。回答完上面的问题，企业就知道应该做哪些数据清洗和加工工作，让汇集起来的数据成为数据资产，通过对数据的分析、拆解、透视，发现数据变动背后的原因，

形成相关的动因分析，再进一步提出优化运营、改善管理的行动方案，支持企业战略和决策，通过这个过程，让数据的价值得到有效发挥。

在整个数据价值挖掘的过程中，有两点需要我们特别关注：

1. 要结合业务需求进行数据方案的设计

在本章的第一部分，我们重点分析了数据价值挖掘的核心目标，即为业务团队解决实际问题，改善业务的运营和管理。我们提交的分析报告需要和业务需求紧密结合才能解决业务问题，因此在分析方案的设计阶段，充分了解业务需求是非常必要的。

如图 6-4 所示，分析团队需要先理解业务团队的需求，在解析需求的基础上初步设计分析方案。分析方案设计的过程中需要解决以下问题：分析需要哪些数据；需要的数据从哪里取得；需要对数据进行哪些加工；加工后的数据能够反映出什么问题，用什么样的展示方式能够恰当说明问题；实现方案所需要的技术方案等。在解决上述问题的基础上，确定数据分析方案并

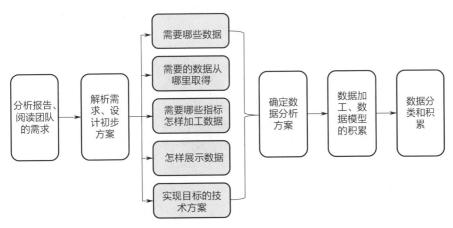

图6-4 以需求为导向的数据分析方案设计图

进行方案落地。分析方案落地实现并不代表这项工作就完结了，企业要想持续敏捷输出分析报告，还需要进行数据加工方法、数据模型等知识的积累，并对加工前后的数据进行主题域分类和积累。

2. 数据价值挖掘是一个推动业务从计划、执行到行动、改善的 PDCA 循环

企业的数据价值挖掘并不是做好方案、执行方案、结果交付就完成了，理想的数据价值挖掘是可以做到 PDCA 循环的。

如图 6-5 所示，企业的分析团队结合需求制定了分析方案，但数据分析的目标并不仅仅是分析数据本身的问题，而是需要通过分析提出措施、改善运营和管理。因此制订和落实计划只是数据分析的起点，数据分析的目标是要发现问题，找到产生问题的根本原因，也就是找到动因，结合动因确定解决办法，形成解决问题的方案建议，一旦建议被采纳，业务团队就可以采取行动去改善运营；运营改善后企业还会有新的业务数据，分析团队还需要继续对数据进行分析，如此循环往复，最终使数据分析工作推动业务改善，成为一个从计划、执行到行动、改善的 PDCA 循环。

图 6-5 数据分析的闭环示例图

具体到业财融合下的财务分析,在分析的过程中,分析团队一定会利用财务报表的数据,而财务报表数据能够提供哪些方面的信息呢?

如图 6-6 所示,财务报表提供的是企业时点的财务状况、时段的经营成果和时段的现金流量等方面的信息,这些信息反映的是结果数据。在数据分析时,我们还需要业务数据,比如企业的业务运行情况、相关的资金流水数据,这些信息会反映公司的商业模式,涉及合同相关的条款内容,包括企业与客户之间的权责分割等,还会反映企业的业务运行的情况,以及客户和供应商的信息;相对于财务数据,业务数据是过程数据,结果数据可以反映问题,而过程数据可以发现问题出现的原因。所以在分析过程中,分析团队会将结果数据和过程数据结合起来应用,用财务报表数据发现问题,用业务数据分析来发现数据变化背后的原因,再结合数据分析,探索能否优化运营和流程,改变导致问题出现的动因,设计解决问题的方案,落实应该采取的措施。

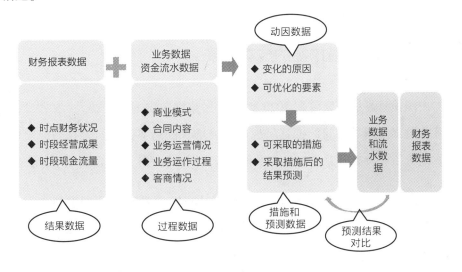

图 6-6 数据挖掘中业财数据关系图

仅仅设计解决方案和明确可采取的措施还不够，分析团队要想让分析有价值，还需要预测采取措施后能够产生的效果。在措施执行之后，还需要进一步跟踪业务数据的变动，以及行动引起的财务数据，也就是结果的变化，通过实际变化情况与预测情况的对比，进一步分析问题，评价行动计划的有效性，并持续进行改进。

这样就形成了一个闭环，通过财务数据的分析发现问题，再通过业务数据进行过程复盘，发现产生问题的原因，找到优化的要素，确定解决问题的行动方案，跟踪行动方案带来的数据变化，评价行动方案的有效性，再通过数据分析找到还需要优化和解决的问题，这样持续推进，就形成了一个PDCA循环。

所以，这里提及的PDCA循环，既包含解决业务问题的从计划、执行到行动、改善的循环过程，也包含在业财融合的数据分析方法上，从发现问题、找到动因到解决问题、复盘优化的循环过程。

三、数据价值挖掘的成功要素

中国信息通信研究院在2020年的《大数据白皮书》中提及，在大数据时代，数据量随着时间的推移呈现出快速增长的趋势，但同时我们会发现，数据的价值并没有随着数据量的增长呈现出同比例的上升，这说明了什么呢？

如图6-7所示，在数据量快速增长的同时，数据的价值密度却在下降，数据量增长太快了，这是因为在海量的数据中，我们并没有同步高效地挖掘出数据价值。大数据的关键并不是存储这些数据信息，而是要从这些数据信息中挖掘出我们需要的价值，也就是我们能不能把图6-7中的数据价值1提升到数据价值 2，这中间的差距就是我们数据价值挖掘的能力。

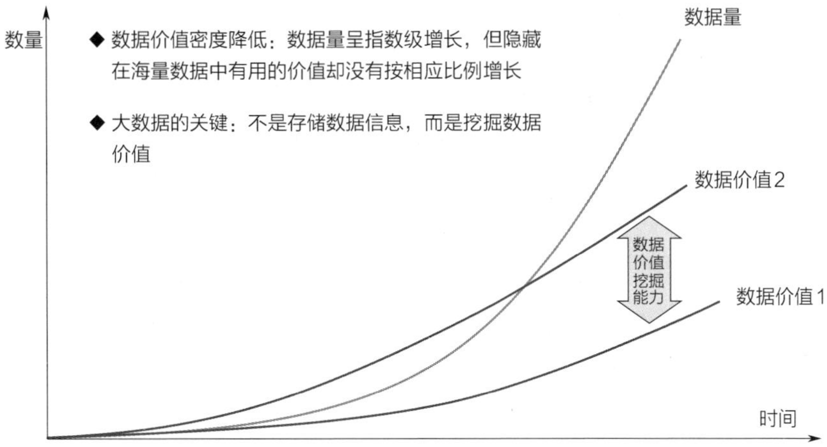
数量
◆ 数据价值密度降低：数据量呈指数级增长，但隐藏在海量数据中有用的价值却没有按相应比例增长
◆ 大数据的关键：不是存储数据信息，而是挖掘数据价值
数据量
数据价值 2
数据价值挖掘能力
数据价值 1
时间

图 6 -7　数据时代数据价值密度分析图

在实务工作中，作为一名财务人员，如何有效地挖掘数据价值呢？我们来看场景故事“小李的烦恼”。

场景故事 6 – 2

小李的烦恼

小李是 B 公司财务部财务报告编报负责人。他有着丰富的实践经验，对会计准则也有深入研究。

B 公司是一家大型集团公司，每年年末小李都要牵头负责集团财务决算工作。因 B 公司有近 200 家下属公司，这项工作从启动到完成，需要财务部决算团队加班加点工作一个多月的时间。

小李觉得财务决算是对公司财务状况的全面梳理，也是对公司经营成果的全面总结；财务决算报表和附注中有大量有价值的信息。

> 但是，让小李困惑的是，老板在每年年初的两三天会非常关心上一年的财务结果，也就是财务快报结果，之后就**不再关心财务决算报告了**，这些报表编制完成也就被搁置了，**变成了沉默的数据**。小李常常想，那财务决算工作对公司经营管理的价值在哪里？

故事中，小李的烦恼是很多财务决算编报人员的烦恼，我们仔细思考一下，不难发现有这样两个原因：

一是财务数据不够及时。小李的公司是一家集团型公司，有近200家下属公司，财务决算从启动到完成，需要加班加点1个多月的时间。站在财务决算人员的角度来看，确实非常辛苦。但是站在老板和业务人员的角度来看，数字时代的市场是快速变化的，老板和业务团队需要非常及时的信息进行业务决策，1个多月前的数据对于他们进行业务决策来说，显然是没有太大价值的。财务人员只有加快数据产生的速度，也就是通过信息系统建设，实现业务流程在线上高效运行，进一步提升财务算账、对账、结账、出具报表、合并报表的速度，才能让财务数据更及时，也更有价值，具体的方法我们在第四章进行了详细的分析和阐述。同时财务人员也要看到，财务决算报告不同于财务月报和财务快报，决算报告中涵盖的信息会更多、更细致，这里面会有一些对时效性不是特别敏感的有价值的信息，比如与战略相关的信息，业务布局、网点布局、资产布局、债务布局和人员布局等方面的信息，企业战略结构方面的信息等，因为企业在战略方面的决策不像业务决策那样需要敏捷快速应变，而是需要一个比较长的分析判断周期，所以财务决算人员要善于挖掘数据的战略价值，通过分析数据、发现问题、提出建议，推动执行和改善，同样可以让数据的价值得以有效发挥。

二是数据不够直观。财务人员出于职业的习惯，特别善于编制、使用数据表格，但是业务团队和老板却不一定善于阅读数据表格，这一方面会占用他们大量时间和精力，另一方面也很可能会忽略部分数据问题。财务团队要始终记得，分析报告是服务于用户的，也就是服务于业务团队和老板的，财务团队应该输出符合用户使用习惯的分析报告。通常情况下，分析报告需要用更多的图示、而不是表格，以及相关的文字说明来阐述问题，同时要关注用户需求，让分析报告更易读，让用户用较少的时间和精力快速发现问题。

那么，是不是只要做到数据及时、数据直观这两点，就能满足领导和业务团队的要求了？让我们一起看看场景故事的后续进展吧。

场景故事 6-3　　　小李的烦恼（续）

这两年，B 公司编制了全面的信息化规划，并按照规划认真抓了落实，现在小李公司财务结账的速度大幅提高了，也上线了可视化的分析系统。

小李除了负责公司的决算工作，还负责公司每个月度的财务分析工作，因为数据更及时了，小李觉得一定能通过分析系统做出让老板认可的分析。于是，小李千辛万苦地寻找模板，加了好几天班才搞定的分析报告，数据、比率、表格都很精细，小李觉得他的报告一定会给老板带来惊喜。

但是，让小李困惑的是，老板简单看了一遍分析报告，**竟然说："这根本不是我想要的"**。小李又把报告给了业务部门的领导，业务部领导也表示："你给我的财务分析报告，内容很多很长，应该费了不少心思。可惜我真正想得到的信息太少了。"

小李现在的烦恼也是很多财务分析人员的烦恼,因为我们的财务分析很容易陷入这样一个误区,只会阐述财务数据的表象,停留在数据的罗列和比例的计算上,没有办法洞察数据背后真正的问题,也就没有办法解决问题。

面对众多的数据,财务人员可能做了很复杂的分析,但是这些分析并没有抓到领导关注的重点,没有解决领导和业务团队急需解决的问题,体现不出对业务的指导作用。**财务分析要想真正有用,推动业务的改进是非常关键的**,如果我们不能帮助业务改进,分析做得再漂亮,都只是一个花瓶,是形象工程。

那么小李现在的分析报告还有哪些问题呢?归纳一下,还有三方面的问题:

一是数据没有协同。在进行数据分析的时候,有时候仅仅使用一类业务数据进行分析是不够的,很多问题并不是一类经济行为所导致的,会涉及很多因素和多项业务,所以我们需要在拆解问题的过程中,将不同类别的数据进行协同才能发现问题产生的动因。我们再来看一个场景故事"小黄应该怎么控制财务费用?"。

场景故事6-4　　小黄应该怎么控制财务费用?

小黄是C公司财务部的资金债务团队负责人,他每天都要分析公司的资金状况,也要和各个金融机构进行沟通,研究各种融资方案,希望给公司筹集到低成本的资金。

去年，小黄通过拓宽融资渠道、增加筹资品种等方式，以低成本资金置换了之前的高成本融资。但是公司全年的财务费用却仍有不小幅度的增长。

在公司年度会议上，老板特别提出了财务费用增长的问题，把降低财务费用的任务布置给了小黄。

小黄在新的一年要采取什么样的措施来控制财务费用？

对于小黄来说，他首先需要全面分析财务费用变化的原因，找到问题的关键点，才能有针对性地采取措施。要想分析财务费用变动的原因，仅仅用财务数据是不够的，需要将财务、业务、资本市场数据协同起来进行分析才能找到原因。具体可以参考图6-8。

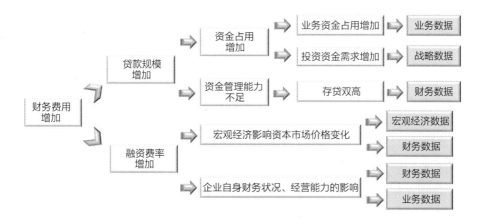

图6-8 财务费用增加原因解构图

企业财务费用增加的原因，一般包括两个方面，一是贷款规模增加，二是融资费率增加。首先看贷款规模因素，在企业中，引起贷款规模增加的原因通常包括两个方面，一是资金占用增加，二是资金管理能力不足，其中资金占用增加又可以区分为业务资金占用的增加和投资资金需求增加两种情况，小黄需要通过分析确定具体是哪方面的资金占用增加更值得关注，光有财务数据是不够的，还需要业务数据和战略数据，对三类数据进行协同分析才行；资金管理能力不足，可以通过财务报告中的资金余额和贷款余额的数据进行分析确定。再来看融资费率增加这个因素，可以再进一步拆解为宏观经济形势引起的资本市场价格变化、企业自身财务状况和经营能力影响价格变化两个具体原因，小黄需要收集宏观经济数据、财务数据和业务数据，对三方面数据进行协同分析，确定问题究竟出在哪里。

这个场景故事说明，企业很多财务结果都是由多种因素的影响造成的，数据分析时，需要采集多业务、多维度、多领域的数据进行协同分析，才能比较精准地发现问题点和问题动因，也才能更好地采取措施解决问题。

二是数据分析没有结合场景。分析报告的阅读者在实际工作中，一定会有很多难点和痛点，这些难点和痛点都是在具体业务场景中产生的，也需要结合业务场景发现问题和动因，提出解决方案；结合场景的分析，能够让报告阅读者更好地理解分析内容，更好地满足阅读者的需求。

以场景故事6-4为例，假如小黄发现财务费用增加的一个主要原因是业务资金占用的增加，他还需要进一步通过对财务数据和业务数据进行协同分析，找到业务资金占用的具体原因。比如原因若是应收账款的增加和存货增加，那么小黄需要怎么和业务部门沟通，确定下一步的优化方案呢？答案是他需要设计业务资金占用的场景，通过场景来进行说明。比如小黄可以模拟业务部门从采购到付款、从销售到回款的资金占用情况。具体如图6-9所示。

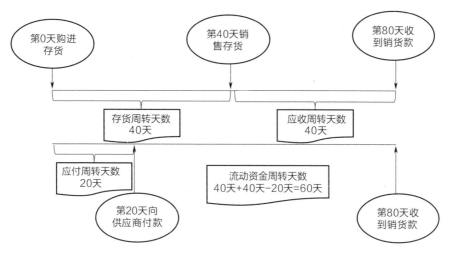

图6-9 业务资金占用分析示例图

假设企业第 0 天采购的货物，货权交割、通过物流运输后，货物完成入库后，销售团队在第 40 天签订了销售合同，将货物销售了，团队在第 80 天收到了客户的回款，那么企业存货周转天数就是 40 天，应收账款周转天数就是 40 天。在采购端，供应商给公司一定账期，企业是在购进存货后第 20 天才向供应商付款的，因此应付账款周转天数是 20 天。我们可以根据上面的分析，测算出流动资金周转天数是：存货周转天数 + 应收账款周转天数 − 应付账款周转天数，也就是 40 + 40 − 20 = 60 天。那么企业要减少业务资金占用，提升周转效率，业务团队就需要加快存货销售力度，减少存货周转天数；或者加大应收账款催收力度，减少应收账款周转天数；还可以与供应商协商，增加账期，增加应付账款周转天数。

三是数据分析没有结合用户需求。 关于这一点，我们在前面讨论数据价值挖掘的核心目标时已经进行了非常详细的阐述。数据分析的核心目标是要帮助分析报告的阅读者解决实际问题，帮助阅读者进行决策，采取行动，改善运营和管理。所以数据分析报告需要根据报表阅读者的需求有针对性地进行输出。

分析团队会面临一个新的问题：团队的人数是有限的，还需要及时地按需进行输出，怎么才能提升分析团队的分析能力和输出能力呢？这就需要在数据采集、数据加工和数据挖掘方面建立起更为合理的架构，提升整个数据应用的效能了。

在上一章中，我们曾讨论数据采集和加工的过程（见图5-11），当时分析的侧重点在数据采集、数据底座部分。其实同一张图也能很好地指导企业数据价值挖掘方面的工作。

大多数企业中的分析团队进行数据挖掘的过程是这样的：将多方取得的数据进行集中，确定分析报告的主题，然后从集中的数据中选取有价值的数据，直接进行加工，在此基础上完成分析报告；在用户有其他需求的时候，分析团队还会从头到尾再做一遍，再输出报告。这种方式是一种作坊式的工作流程，在业务量不大、分析需求不多的情况下，分析团队是可以完成的。但是在企业数字化转型后，企业所有的决策和经济行为都由数据驱动，整个企业对数据分析的需求就会呈井喷式增长，传统的作坊式工作流程明显存在效率低、质量不稳定的问题，需要建立起高效的分析架构才能满足不断增长的需求。

如图6-10所示，在新的架构下，企业需要对数据进行多层加工，才能达到应用的条件，所以会在数据底座中间层建设加工后数据的主题域。也就是企业可以根据自身业务特点，确定数据分析的主题方向，将初步加工后的数据按照分析需求，分别放在不同的主题域里，这样在分析的时候，初加工数据和选择数据的效率就会大幅度提升。同时积累数据加工过程中的各种算法、模型和初加工的指标，将数据加工的方法也在数据主题域中进行沉淀，这样在后续有新的需求的时候，很多算法、模型、指标都是可以复用的，利用可复用的数据加工能力，也会大大提升数据加工过程的效率。

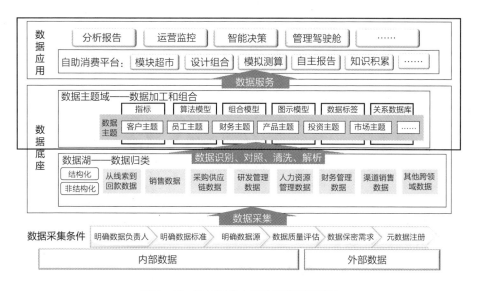

图6-10　数据平台中的数据应用示例图

在数据应用层，分析团队可以结合需求不断完成新的分析报告，但是分析报告的完成交付并不是工作的终点，分析团队需要将分析内容进行拆解，分解成个性化、共性化的分析模块，在数据应用层进行沉淀，有利于后续结合业务需求进行模块重组，高效地按需输出不同的个性化报告。除此之外，为了提升公司整体对于数据价值挖掘的认识，企业还可以将这些模块存放在"自助消费"区域，相当于将一份分析报告细分拆解为多个分析模块，不仅分析团队可以进行重组，也给了业务团队模块重组的权利，让业务团队有更强的自主性和主动性，分析报告也就有更强的针对性，同时使得数据价值挖掘工作变成全公司的共同工作。

总结一下场景故事 6-3，如图 6-11 所示，小李在数据挖掘方面存在数据不及时、数据不直观、数据未协同、未结合场景、未针对需求五个方面的问题，如果能够逐步解决这些问题，数据价值挖掘工作的成功概率将会大幅提升。

图 6-11　数据挖掘存在问题示例图

四、数据价值挖掘的难点和突破

我们来思考一下，在整个数据价值挖掘过程中，哪一项工作是最难的？答案是：怎么能够发现问题，并挖掘出动因。因为只有挖掘出动因，我们才能找到后续行动方案，才能解决实际问题。

1. 财务团队需要在分析的时候做视角转换，才能更好地发现问题、找到动因

举一个例子，比如公司应收账款增加了，需要对应收账款增加的原因进行分析。如果从财务视角看，分析时就会说明营运资金占用增加了，资金回

收风险增加了，资金周转效率下降了，资产质量可能出现问题，但这并不能解决实际问题。如果就这四点向老板汇报，那老板也只能说我知道了，赶紧提示相关业务部门。但是相关的业务部门并不知道问题出在哪里，也不能有针对性地采取措施，最终分析只是止步于财务预警，并没有改善业务的运营、控制可能出现的风险，这样的数据分析是失败的，不能实现数据价值挖掘的核心目标。

那么财务团队怎么才能输出更有价值的分析报告呢？财务团队需要结合财务数据发现的问题，以业务视角去拆解问题，找到产生问题的根本原因。

如图6-12所示，我们来看看怎么从财务视角逐步将问题拆解到业务视角。

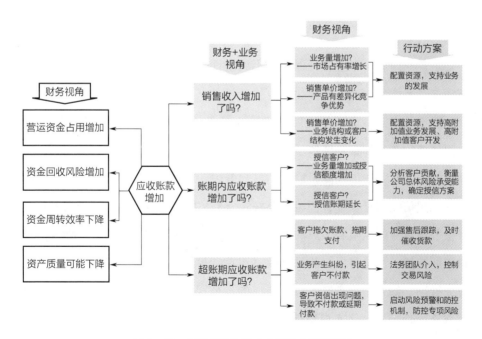

图6-12　不同视角下的应收账款分析示例图

比如应收账款增加了，**那销售收入是不是增加**了？如果销售收入增加，可能是市场业务量增加了，市场占有率增长了；或者是销售产品单价提升了，说明产品有竞争力，有差异化竞争的优势；也有可能是结构变化导致销售单价的上升，如业务结构变化了，客户结构变化了，高附加值的业务和高附加值的客户增加了。应收账款增加也可能是公司的**账期内应收账款增加**了，那我们就要分析是不是公司给更多的客户提供授信，进一步拆解，有可能是授信客户业务量增加、授信额度增加了；也有可能是授信账期延长了，比如客户授信账期从 30 天延长到 45 天，应收账款余额就会相应有所增长。应收账款增加还有可能是**超期应收账款增加造成的**，进一步拆解，存在三种可能，一是客户拖欠了货款，拖期支付款项；二是在业务实操环节发生了业务纠纷，客户不付款了；三是客户资信情况出现了问题，客户无法付款或者要延期付款。对财务结果以业务视角进行分析，就能找到应收账款增加的基本动因了。

定位动因后，企业就可以针对不同动因，采取相应的行动方案了。比如**市场占有率增长**，产品差异化竞争优势增加，这对公司来说是好事，公司应该配置资源来支持业务的发展。如果说是业务结构和客户结构发生了变化，**高附加值的业务和客户增加**了，也是利好因素，公司也应该配置资源去支持高附加值的业务发展和高附加值的客户开发。如果是公司给**客户的授信额度增加、授信账期延长**了，公司需要好好分析，要看看客户给公司带来的价值，衡量公司自身的风险和客户的风险，确定一个合理的授信方案。如果说是**客户拖期支付**了，是售后团队没有及时跟踪和催款造成的，那就需要加强售后业务管理。如果是**业务产生纠纷**造成的，公司需要尽快让法律团队介入来控制交易风险。如果是**客户资信出现了问题**，应收账款的回收风险就会增加，公司需要尽快启动风险预警方案来防控专项风险。

在图 6-12 中，企业从财务数据分析出发，对应收账款的增加进行了层层分析，左边侧重的是财务视角，分析的是应收账款增加会产生的问题和后果，相当于对问题的风险预警。右边是把财务数据和业务数据结合起来，将财务视角和业务视角相结合，通过结果数据协同过程数据的分析，找到了业务视角下问题发生的动因，结合动因确定了解决问题的行动方案，这样老板就会很清晰、很精准地把行动方案布置给对应的团队落地执行了。

2. 要发现问题的根本动因，需要结合问题持续挖掘原因，不能止步于表象问题的解决

我们从场景故事"五个为什么"讲起。

场景故事 6-5　　　　　　**五个为什么**

故事发生在一个工厂的车间里，这一天工厂的车间里地面上漏了一大片油，工厂的车间主管询问**为什么地上会有油**，经过查询，大家知道**是机器漏油了**。

车间主管就问了第二个问题：**为什么机器会漏油？** 经过查询，大家知道了第二个原因，因为**一个零件磨损很严重**。

车间主管马上要求把有问题的零件换掉。

过了几天，车间的地面上又漏了一大片油，还能用之前换零件的方法解决问题吗？显然不能。车间主任就在前两个为什么的基础上继续问：**为什么这个零件总是磨损严重？** 答案是：**这个零件质量不太好**。车

> 间主任继续问：**为什么这个零件质量不好**？答案是：因为工厂要控制采购成本，**采购的零件质量不是很好**。车间主任又去问采购部门：**为什么要控制采购成本呢**？答案是：因为工厂对采购部门考核短期采购成本，这是采购部门业绩绩效考核的一个核心标准。

在场景故事中，车间主任在问到第二个为什么的时候，就确定车间地上出现一摊油的动因是零件磨损严重，于是采取了更换零件的行动，解决了漏油问题；这是从问题表象上分析了动因、解决了问题。但不久后车间再次发生漏油，很显然，之前的动因分析和采取的措施并没有从根本上解决问题，于是车间主任又问了三个为什么，这回终于找到了根本原因，就是工厂对采购部门的绩效考核需要完善，不能只关注短期采购成本，还需要关注采购物品的质量，修订对采购部门的考核办法，是工厂从根本上解决问题需要采取的措施。

如图6-13所示，车间主任通过一个一个地问为什么，逐渐把问题从表

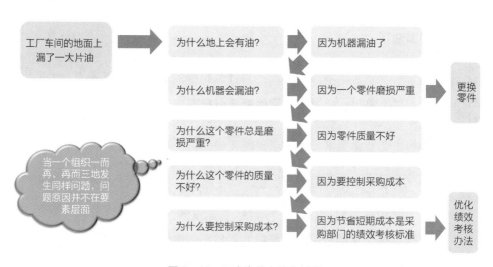

图6-13 五个为什么的分析图

象引到根本。五个为什么是我们查找分析问题动因时的一个非常好的方法，我们不只是从表层去发现问题，而是要不断地一层一层地询问和挖掘，才能找到问题的根本动因。

3. 数据价值挖掘是一项涉及业务、财务、技术的复合性工作，涉及业务、财务、技术等多个领域

数据价值挖掘并不是一项纯技术工作，而是业务、财务、技术高度融合的协同性工作。

在这项工作中，业财融合是非常重要的，数据挖掘工作要产生价值，一定是以业财融合为前提的，所以对业务的深入理解，是数据挖掘找出动因的一个非常重要的条件。

对业务的深度理解，通常表现为这样几个方面：

一是要了解公司的商业模式和业务细节，包括公司销售的是什么，用什么样的方法去销售，在买和卖的过程中，公司到底是靠什么赚钱等。

二是要分析业务动因对财务结果的影响，找到问题源头，通过业务管理解决财务分析发现的问题。比如前面我们提到的应收账款变化动因分析，分析出变化动因后，要管控好应收账款，需要从业务根本抓起，对于应收账款来说，核心就是客户准入和信用管理，定位业务问题，采取措施加强业务管理，解决财务分析发现的问题，需要财务和业务团队的有效合作。

三是除了需要对业务运作方式有深入理解，还需要理解业务运作过程对财务结果产生影响的机制，要把业务行动分解成一个个的驱动要素，建立起驱动要素和财务数据之间的衔接关系；当一项财务数据发生变化的时候，就

可以做层层拆解，找到背后的驱动因素，然后再基于驱动因素分析业务经营存在的问题，才有利于提出对应的解决方案。

数字化转型就是要打造一条数据产业链，涉及数据生产、数据采集和加工、数据挖掘等多个环节，在这些环节中，技术发挥的作用是非常大的，涉及业务需求的技术实现、持续迭代，唯有融合财务与技术、业务与技术，才能有效地将当前的业务需求和潜在的业务需求转换成技术语言，借助技术精准实现。

所以在数字化转型中，财务团队是面临很多挑战的，财务团队不仅要精通财务专业，还要转换成熟悉业务、熟悉技术的复合型人才，能够用业务语言和技术语言表达出财务问题，才能够更好地协调相关团队共同分析动因和研究解决方案；只有业务团队、技术团队财务团队密切配合起来，才能实现数据的高度协同和互联。

第七章
数据价值挖掘的支撑体系

> **开篇思考：**
> 1. 数据分析部门怎么能持续满足业务部门的需求，做到敏捷、快速、随需而变？
> 2. 中台到底是什么？是一套信息系统，还是一套机制，或者是一套体系？
> 3. 中台具有哪些特点？为什么说中台是企业数据价值挖掘的支撑体系？
> 4. 企业数字化转型过程中，需要搭建哪些中台体系？这些中台体系要实现哪些目标？

一、纳入中台的核心业务

在很多数字化转型的成功案例中，中台都发挥了非常重要的作用，那么什么是中台呢？中台是不是一个信息系统呢？我们的理解是：中台并不是一个信息系统，在企业从信息化建设到数字化转型的过程中，我们有很多业务是可以放到中台的，结合前面几章的内容，我们来逐一分析一下可以纳入中台的业务以及这些业务的特点，进而总结一下中台的特点。

1. 从企业信息化到数字化的发展阶段看，应纳入中台的业务

前面我们分析过，企业从信息化到数字化的过程，需要经历六个阶段：工作电子化、业务信息化、管理协同化、运营智能化、信息网络化和企业智能化，如图7-1所示。

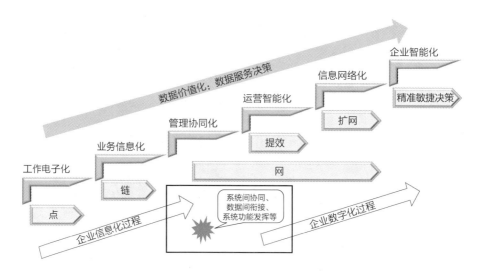

图7-1　企业数字化转型六阶段中的中台业务图

工作电子化解决的是点状效率的提升；业务信息化解决的是链状效率的提升，也就是业务链条的效率提升；管理协同化是要把各个业务系统打通，在企业中形成端到端的流程网，让数据在端到端的流程上高效运转；运营智能化是不断地用新技术（如RPA、物联网、AI技术等）让整个系统运转得更高效；信息网络化是随着国家进入数字时代，更多政府系统开设开放接口，企业会建立更多的外部网络连接，使企业的整个信息网络进一步扩大；企业智能化是在数据高效运转、内外部协同的基础上，通过数据挖掘，让企业能够做出精准敏捷的决策，让数据驱动企业经营管理各项行为。

在六个阶段中，前两个阶段和第三个阶段的初期是企业信息化过程，后面则是企业数字化过程。在企业从信息化向数字化转换的过程中，有一项非常重要的工作，那就是：打通数据之间的壁垒，建立系统之间的集成，让系统协同、让数据衔接，也就是需要建立起全量、全要素的数据衔接，这样才能为数据集中和价值挖掘打好基础，可以说这项工作是数字化转型中极为重要的工作。在实践中，系统集成和数据衔接不是一个信息系统能够解决的问题，而是涉及多个系统，也涉及系统背后的多个业务和多个部门，这是一项高度协同性的工作，而且这项工作一旦落实，能够大幅度提升公司整体的数据质量，这种解决跨系统、跨部门、跨业务问题，有利于公司整体数据价值提升的工作，就应该纳入中台进行统一管理。

2. 信息系统建设和运行管理过程中，应纳入中台的业务

在本书第四章，我们分析了信息系统应用管理的重要性和主要工作内容，企业信息系统建设完成后，在系统运行过程中，还需要做大量的应用管理工作，以保证系统运行正常，功能得到有效发挥，系统生成的数据质量稳定可靠。

如图 7-2 所示，信息系统应用管理工作包括系统需求管理、功能优化挖掘、应用问题解决和系统质量监控四个部分，其中很多工作是具有同质性和共性的。如系统应用问题解决，企业需要建立起多系统共用的应答服务机制和应用问题积累机制，很多系统应用问题也是具有同质性的，可以举一反三解决多系统的问题；再比如系统质量监控，企业通常会建设系统质量检测平台，对多系统运行情况和数据质量进行监控；还有系统功能优化挖掘方面，很多系统功能也是具有同质性的，很多管理工作可以支持和服务多个系统。

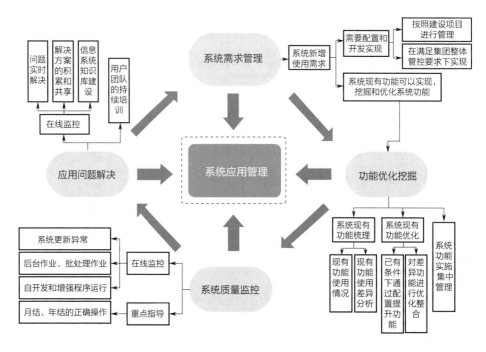

图 7-2　信息系统应用管理示例图

系统应用管理还有一项非常重要的工作，就是解决一些跨系统管理的问题，也就是系统之间相互关系的管理。比如企业数字化转型，要求数据能够在端到端的流程中顺畅流转，就需要让数据能够横向衔接起来，跨系统数据衔接，需要进行多口径数据对照关系的梳理和优化，制定数据标准，因此企业需要建立主数据管理系统。

企业系统要横向衔接，就需要做好系统间的集成管理，这里面最重要的是解决跨系统数据交互的问题，以及数据交互中的接口管理工作。为了确保系统间数据流转的顺畅，企业需要建立统一的接口管理平台，对集成接口进行统一的管理，如图 7-3 所示。

第七章 数据价值挖掘的支撑体系

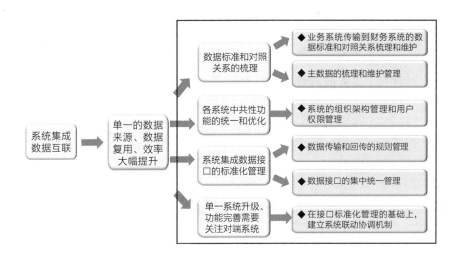

图7-3 系统集成纳入中台业务示例图

随着企业信息化不断深入，建设的系统也会越来越多，企业还需对各个系统中的功能进行全面梳理。为了提升用户体验，提高系统运行效率，企业还会将系统中的共性功能，比如各个系统中都存在的组织架构、用户、角色和权限管理等，放到统一平台上集中进行管理，如图7-4所示。

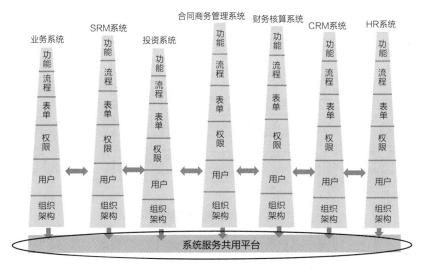

图7-4 多系统功能复用示例图

上述系统应用管理、主数据管理、系统集成接口管理、共性功能服务等工作,一部分是多系统共享的服务性工作,另一部分是跨系统管理工作。这些工作具有共享服务的属性,也具有跨系统、跨部门协调的属性,还具有知识积累、能力复用的特点,集中管理能够促进工作效率和质量的提升,有利于企业整体能力积累,整体数据的横向衔接、纵向统一,应该纳入中台进行统一管理。

3. 数据采集、加工和应用环节中,应纳入中台的业务

企业信息系统建设是一项不断深入的工作,对于不同规模的企业,不管信息系统建设到什么程度,都要为数据价值挖掘做积累和准备,因此都会涉及数据采集和加工工作。

企业不同发展阶段的数据治理工作图如图7-5所示。

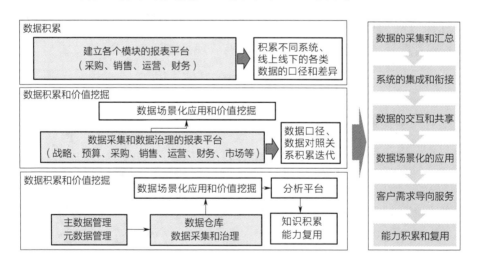

图7-5 企业不同发展阶段的数据治理工作图

企业通过系统建设要把数据线上化,同时也会积累线下数据,把数据采集汇总起来,再进行数据梳理、归类、清理、优化,给数据打上各种各样的

标记，做分类和分级的管理，此时的数据已经具备数据价值挖掘的条件，企业可以根据数据应用需求，结合场景对数据进行进一步加工，形成数据主题域，为后续的数据应用做好准备。

在数据采集和数据加工的过程中，企业需要对数据进行分级、分类的管理，并需要对数据标签进行集中管理，也就是元数据管理，便于对直接采集的数据以及初步加工数据进行快速检索和查询，为后续的数据应用打下基础，这部分功能归纳起来如图7-6所示。

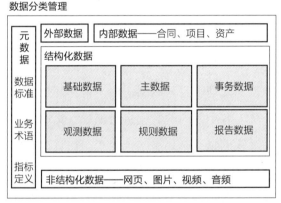

图7-6 数据分类和分级管理示例图

在数据应用阶段，企业需要结合应用需求和场景，对主题域中的数据进行进一步加工，将其组合成一份份满足业务需求的分析报告，同时也可以结合需求和场景需要，将分析报告进一步拆解成数据应用服务模块，将模块集中分类，形成用户能够自助消费数据的数据应用服务池，这些数据应用模块能够灵活组合，也能够重复应用，大大提升了企业数据应用的效率。具体如图7-7所示。

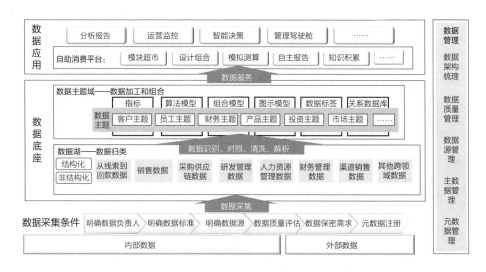

图7-7 数据平台架构示例图

上述数据采集平台、数据加工和处理平台、数据应用平台，都是从企业整体出发，对各个系统、各个业务、各个部门的数据进行汇集、集中加工和应用的平台，平台服务于多种业务、满足多种场景下的需求，而且平台通过对数据的分层、分类、分阶段的管理，沉淀了企业大量数据对照关系、数据加工算法、指标模型、组合模型和数据标签等能力，为后续企业高效的数据应用打下了坚实的基础。在数据应用层面，平台也不是单纯地只能满足应用需求和场景要求，而是积累了数据应用模块池，为用户的自助应用提供服务，为企业数据应用能力的积累和复用打下了基础。因此平台不仅是数据采集加工库，也是算法、模型、能力的沉淀库，能够有效赋能企业灵活、敏捷的数据价值挖掘工作。

上述关于数据的服务和管理工作有一个共同特点，就是站在企业全局视角推进，服务多系统、多业务、多场景的共享服务平台，而且具备知识积累和能力沉淀的特点。这些跨系统、跨业务、跨职能、跨场景的业务，均应纳入中台进行统一管理。

二、中台是企业数据价值挖掘的支撑体系

前面我们从数字化转型、系统建设、数据采集加工和应用三个层面梳理了应该纳入中台进行管理的业务，从这些业务来看，可以分析出纳入中台的业务具有以下几个特点：

一是纳入中台的业务通常具有企业全局视角，不会立足于某一类业务和某一个专业部门，而是服务于企业整体。

二是纳入中台的业务具有服务和共享职能，业务具有很强的同质性，具备标准化的条件，能够同时为多个系统、多项业务和多个部门提供服务；对这些共享职能进行统一管理，一方面会提升用户体验、提高工作效率，一方面有利于知识和能力的积累，使企业整体共享服务能力不断迭代和提升。

三是纳入中台的很多业务具有高度协同性的要求，需要从更高层面进行协同和规范。传统企业的组织架构是按照业务模块设计的，但企业又是一个有机整体，模块和模块之间既需要有效衔接，也需要合理协同，这样企业才能建设起端到端的流程网，这将涉及很多跨部门、跨业务、跨系统的协同管理工作，这些工作由某一个部门牵头管理，效率和质量都难以保证，纳入中台统一管理会更为有利。

四是与数据相关的工作会更多地纳入中台进行管理。数字化转型的核心是以数据驱动企业各项经营管理行为，要做到数据驱动，对于企业来说，就需要形成整体合力。比如前端面向客户的销售团队会为企业争取各种商机，

中后端的保障部门需要为前端部门提供有力支持,打造出服务前端部门精准决策的能力中心,使企业能够在变化的市场中及时抓住商机。企业与数据相关的能力是需要全量、全要素数据连接的,也需要数据的实时反馈,是企业一项涉及全局的工作,需要跨部门、跨系统、跨业务协同内外部的数据集成和利用,这类工作纳入中台进行统一管理可提升管理效率和质量。

五是中台业务具备知识积累和能力复用的特点。中台业务涉及企业全局,具有协同性、服务型和同质化的特点,也决定了中台工作是能够在多系统、多部门、多业务中复用的,所以中台需要建立起复盘机制,通过复盘一项项工作,及时总结工作中的知识点和共性特征,对知识进行梳理和积累,形成一个个的知识点,并通过标签管理增加知识点的可检索性。再通过搭建知识点之间的关系体系,提升知识点组合应用的能力,形成能力中心,有效提升知识和能力的复用度,最终提高企业整体的管理水平。

中台核心理念图如图7-8所示。

图7-8 中台核心理念图

通过分析中台业务的特点可以看出,中台对于企业来说最为核心的作用是:打通系统、部门、业务之间的壁垒,形成端到端的流程网,促使企业数据的全量、全要素连接和实时响应,通过知识积累和能力复用,促使更多的中台业务标准化,让企业各项经营管理行为更加敏捷、精准、有效。

那中台是什么呢？举一个比较形象的例子：

如图7-9所示，20世纪六七十年代的人们，家里需要家具，需要到市场上采购木料、三合板、五合板等材料，请木匠到家里来做家具，木匠会根据材料情况和客户沟通家具样式、颜色等细节，确定家具制作方案后，需要两周到三周的时间，完成一件家具的制作，这是一个作坊式的家具生产过程。现在我们需要一件家具，会去市场买家具组件，比如去宜家。我们在市场选择的时候，会看到家具样本，但是买来的却不是一整件家具，而是家具组件，比如一张张的板材，一堆不同型号的螺丝和几根木棍。我们到家后，会对这些板材、螺丝、木棍进行组合，组合出我们想要的家具。对组装的家具我们可以灵活设计，比如衣柜可以是三个隔断，也可以是四个，家具厂商制作组件时，设计了多个螺丝孔，我们可以根据需要确定隔断数量和隔断高低。这个例子说的是家具制作过程的变化，家具厂商把一件家具分解成板材、螺丝和木棍，在木棍上预留了多个螺丝孔，把从无到有做家具的过程转换成从原材料到组件、组件灵活组装的过程，而组件本身又具有一定的同质性，可以进行批量生产。这样不仅实现了规模化量产，又能够实现组装环节的个性化配置，既提升了效率，也满足了客户体验。用这个例子来说明中台的特点也是非常形象的，企业把需要交付的数据服务进行拆解，形成一个个功能组件和数据组件，再将组件生产过程和组件组合过程作为知识进行积累，把知识转化成多个能力模块，通过快速组合，就能交付不同的数据产品和数据服务，再进一步根据需求方差异化的需求组合这些数据产品和服务，生成差异化的分析报告，让输出的分析报告千人千面。

图 7-9 家具制作方式变化图

总结一下，中台是一个以知识积累、能力复用为核心的微服务架构，这个架构侧重于通过梳理流程、组件设计、知识积累、能力沉淀、灵活服务等方式，让企业数据驱动业务的能力不断提升，所以中台是企业数字化转型、数据价值挖掘的重要支撑体系。

三、企业需要建设的中台体系

这些年随着数字化转型深入，中台的概念分得也越来越细，有业务中台、技术中台、数据中台等，那企业到底需要建设哪些中台体系，中台体系和信息系统建设之间是什么关系呢？

如图 7-10 所示，在大海上漂浮着一座冰山，海平面上方的冰山部分就是我们输出的数据价值挖掘服务，包含数据应用、价值挖掘、持续创新等。海面上方的冰山在整个数据应用和知识创新的过程中，是需要非常强大的后台体系和中台体系来支撑的。

第七章　数据价值挖掘的支撑体系

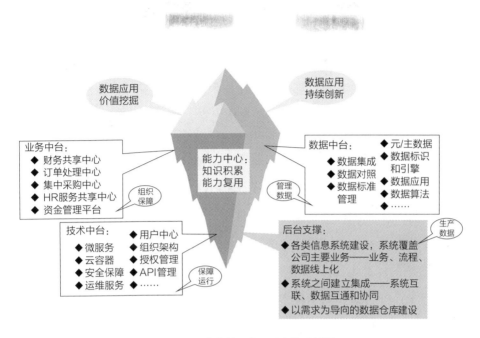

图 7-10　企业前、中、后台的示例图

后台体系就是企业数字化转型和数据价值挖掘的基础工程，即信息系统的建设，企业在数字化转型过程中，系统建设越完善、越深入，基础条件就越成熟，如果信息系统能覆盖企业的主要业务，就实现了主要业务流程的线上化和流程中运行的数据的线上化，企业还会在系统建设中处理好各个系统之间的关系，确保系统互联、流程互通，让数据能够互联互通并协同应用；在系统建设的基础上，企业需要为数据高效应用打好基础，要建设以需求为导向的数据仓库；这些工作都是企业数字化转型的基础性工作，也是重要的后台支撑。

除了后台体系外，企业还需要建设中台体系。

一是搭建技术中台，企业在系统建设过程中，要处理大量同质性功能，如组织架构、用户、权限管理等，企业可以把这些功能提炼出来，放在技术中台集中管理；系统集成涉及的接口管理是一项跨系统、跨业务的管理工作，也是需要放在技术中台集中管理的；另外侧重技术的系统安全管理、系统技术响应、运维服务管理等也都可以放在技术中台统一管理。技术中台实质上是将信息系统技术管理中的共性功能提炼出来，进行标准化管理。

二是搭建业务中台，企业各项业务中，有一些业务是具有同质性、具备标准化条件的；这里的同质性既包含纵向协同角度企业集团中多公司的同质性业务，也包含横向协同角度企业多业务、多部门的同质性业务，企业要提升效率，就需要把这些同质性业务梳理出来，对业务流程进行梳理优化，推进业务流程的标准化，再将同质化、标准化的工作集中交付给专业服务团队承接，实现一个专业团队承担多公司、多部门的同质性业务，不仅能大幅度提升工作效率、降低成本，也能有效保障工作质量。业务中台在发展过程中，随着流程梳理优化的深入，效率会不断提升，具备再承接企业集团内标准化业务的条件，这样不断推进，专业服务团队承担的工作任务会不断增加，但标准化使得工作量的增加远远大于团队人员的增加，企业整体工作效率不断提高。同时专业服务团队为了能够承接更多的业务，会持续进行知识积累，确保各种能力能够组合复用，不仅可增强自身团队的核心能力，也可赋能企业其他部门和业务的发展迭代。在企业里，财务共享中心、订单处理中心、HR共享服务中心、集中采购中心等，都是具备专业服务能力的业务中台。

三是搭建数据中台，数据中台是数字化转型工作中非常重要的部分，主要包含的功能有数据采集梳理、数据的定义、数据对照关系的梳理和维护，还有企业数据标准的持续管理、主数据和元数据的管理、数据的标识和引擎、算法应用等。在本书第五章，我们详细分析了企业在数据治理、数据采集、数据加工等方面的工作，这些工作能够帮助企业实现全量、全要素的数据连接，实现数据实时反馈，还能帮助企业汇总并加工数据，进一步应用数据，最终实现数据价值挖掘的目标。

企业中台、后台体系建设中，有一个非常重要的核心，那就是服务共享、知识积累和能力沉淀，企业的中后台体系最终会成为企业的能力平台，为前台面向客户的业务部门提供支撑。前台是以责任结果为导向的，核心是面对环境的不确定性，努力达成业务目标；平台是以共享、服务、能力为导向的，支撑前台的目标实现。同时，平台要能够不断输出服务和能力，就需要在工作中积累知识、沉淀能力，让能力能够复用。这种前、中、后台的架构，可以解决传统组织存在的一个悖论，即想要效率高，风险就高、安全运行得不到保证；想要安全运行，就难免在效率上有所损失。在数字化前、中、后台的架构下，这个死结是可以被解开的。

对于企业财务管理工作来说，财务共享中心就是财务业务的中台，通过财务共享团队搭建，实现一个专业服务团队为多主体提供标准化的财务共享服务。同时财务共享在发展的过程中，还会衍生出卓越运营、系统应用、数据管理等新的功能，提升整个企业的财务管理能力。在本书下一章，我们将重点分析财务共享中心的建设和发展，以及企业数字化转型过程中财务团队的转型和发展。

第八章
数字化转型推动财务团队变革

> **开篇思考：**
> 1. 企业快速发展过程中，财务会面临哪些挑战？财务团队需要进行怎样的变革来应对这些挑战？
> 2. 财务共享中心建成后，还会不断发展吗？如果会，会经历哪些发展阶段，又具有哪些特点？
> 3. 财务共享中心的发展是否会引起其他财务团队的变化？具体会有哪些变化？
> 4. 财务数字化转型对企业数字化转型会有哪些影响？为什么？

在前面几章，我们分析了企业数字化转型的概念、阶段，数字化和信息化之间的关系，数据的生产、加工、价值挖掘。在上一章，我们重点分析了支持企业数字化转型的中台体系，包含技术中台、业务中台和数据中台；在分析业务中台时，我们简单分析了几种典型的业务中台，其中共享中心就具备典型的中台属性。本章中，我们重点分析财务中台，即财务共享中心，从财务共享中心的建设开始，分析数字化转型给财务业务和财务团队带来的变革。

一、财务共享中心的建设推动财务数字化转型

我们还是先来看一个场景故事"李总的烦恼"。

场景故事 8-1　　李总的烦恼

李总是一家制造业企业的老板，最近他们改进了制造工艺，产品非常受欢迎，急需扩大生产规模，并建立起覆盖全国的营销网络。

目前公司已经在天津、苏州和广州建立了三个生产基地，近期还计划在上海设立物流公司，负责原材料、产品在全国的配送；同时还计划在全国主要的城市设立销售网点和服务网点，以进一步挖掘客户，做好区域市场的开发。

公司业务发展得非常好，规模越做越大，网点越来越多。按理说，公司发展得这么好，李总应该很高兴，但是最近他却被几个问题所困扰……

1. 公司规模不断扩大，网点不断设立。问题是每个网点不论大小都需要派驻财务人员，一个最小规模的网点的财务部至少也需要 2 名财务，除此之外，还有经理和业务人员。这样，网点扩张的成本实在太高了，公司根本承受不了……

2. 随着公司规模的扩大和网点的增加，公司管控的难度呈现几何级数的增长，尽管公司总部制定了各类制度，但是制度执行情况却不尽如人意；李总想，既然已经在各网点都派驻了财务人员，财务团队就应该承担起执行监督制度的责任，但是实际效果却并不好，这让李总对财务团队作用的发挥产生了质疑……

> 3. 最近，有些网点的营销经理常常向李总抱怨，网点的财务团队不仅没有给业务团队足够的支持，而且每次业务团队提出创新方案时，财务团队都会反对，说违反了制度规定，甚至有些网点的财务已经成为业务发展的阻力了。同时，李总想了解网点的实时经营情况和成本开支情况，但财务团队却不能提供及时的数据支持，也没有有效的解决建议……

从这个场景故事里，李总的烦恼归纳起来有这样几点：

1. 养不起。这么多的网点都要设置财务岗位的话，人工成本实在太高了，李总觉得他养不起，传统的"一企一财务部"的模式已不适应公司发展的需要。

2. 管不住。随着企业规模扩大，总部对网点的管控力度并没有同步增加，财务的管控作用发挥得不充分。

3. 不支持。李总希望财务能够推动和帮助业务来发展，有效支持业务，但实际情况是，财务反而成了业务发展和创新的阻力。

从这个场景故事出发延伸思考一下，对于李总来说，公司的财务团队必须要进行转型，不仅是业务能力和工作思路的转型，还涉及整个团队组织架构的转型。

如图8-1所示，在本书的第三章，我们分析了财务数字化转型经历的五个阶段，分别是手工记账阶段、会计电算化阶段、标准化和流程化阶段、业财融合阶段和财务数字化转型阶段。对企业来说，财务能力是一项纵向能力，财务要实现数字化转型，财务能力需要实现横向的协同和拓展。手工记账和会计电算化阶段都属于财务能力纵向提升的阶段，到了标准化和流程化结算，财务工作发生了变化，企业会对财务工作进行全面梳理，把其中具有同质性特点的工作集中起来，通过工作流程和工作标准的标准化，使得这些工作具备了由一个团队来统一承接的条件，能够促使财务工作效率和质量的双提升。由一个团队统一承接标准化和流程化的工作，这个团队就是财务共享中心，这个过程就是部分财务业务的工业化过程，也意味着财务团队转型工作的开始。

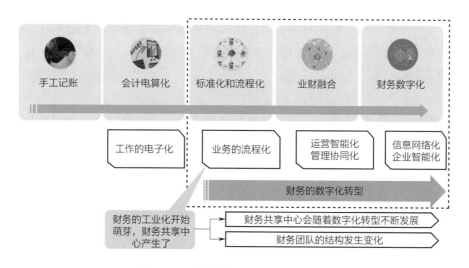

图8-1 财务数字化转型五阶段分析图

再回到场景故事8-1，对于李总来说，公司因为业务发展的需要，会在全国各地设立网点公司，李总的团队可以对每个网点公司的财务业务进行梳理，将那些同质化并具备标准化条件的业务提炼出来，汇总并进行流程梳理和再造，也就是业务的标准化改造，使得这些业务流程统一、操作统一、标准统一，这些标准化的流程和规则还能够快速复制，然后把这些标准化的业务统一交给财务共享中心进行运作,实现了一个团队服务多家网点公司,降低成本、提高效率、提升质量的目标,能够在很大程度上解决李总面临的"养不起"和"管不住"的问题。

上面的分析中我们提到,财务要实现数字化转型,需要对企业的财务能力进行横向拓展,也就是财务需要与业务进行更为紧密的结合,向业务团队输出财务能力,这就需要财务中有一个团队能够与业务在一起,给业务提供实时的支持,同时也能够帮助业务在前端控制好风险,这个团队就是业务财务团队。财务共享中心成立并运行顺畅后,可在很大程度上提升效率、节约人力,也能释放出了一些财务人力,这部分人员就可以向业务财务转型。业务财务团队的产生能够在很大程度上解决李总面临的"不支持"和"管不住"的问题。

总结一下共享服务的特点,共享服务就是通过对人员、技术和流程的有效整合,实现企业内公共流程的标准化和精简化的一种创新手段。作为战略性的业务架构,共享服务以客户服务和持续改进的文化为核心,实现价值导向服务,促使企业在更大范围内集中精力于核心能力的发展,从而使各业务单元创造出更多的附加价值。

随着财务共享中心和业务财务团队的产生,财务团队的组织架构也在发生变化。如图8-2所示,企业原有的每家网点公司的财务团队就像图中的每一个方框,包括综合管理团队、会计核算团队、预算团队、资金管理团队、税务管理团队等,这些团队的工作基本上涵盖了财务的主要职能,每个网点公司不论规模大小,都会有一个职能完整的财务团队。随着财务共享中心的出现,企业会对财务流程进行拆分,那些具备标准化、流程化条件的工作,集中由财务共享团队操作,这个团队不属于某一个网点公司,而是整个集团

第八章 数字化转型推动财务团队变革

的共享团队；那些与业务相关的财务工作则由业务财务团队来承担，业务财务团队是与业务架构和发展需要相适应的，有些集团公司是设置在事业部框架内的，有些集团公司是设置在区域或者网点的，其核心目标就是支持业务发展和运行，帮助业务管控好风险；那些与整个集团公司财务战略相关的工作则由战略财务团队承担，战略财务通常是企业集团的财务团队，以及集团下重大业务板块中承担战略性工作的财务团队。这样，财务团队就从一个个以网点公司为单位的职能完整的财务团队，演变成了一个"三支柱财务团队"的结构，最上面是战略财务团队，下面是共享财务团队和业务财务团队。随着每个团队专业化能力的不断提升，企业会培养出一批财务能力专家，会建立 COE（Center of Expertise）即"能力中心"，这个能力中心有可能是实体中心，也有可能是虚拟中心，通常企业集团会根据自身管理需要和业务特点，结合实际进行设计。

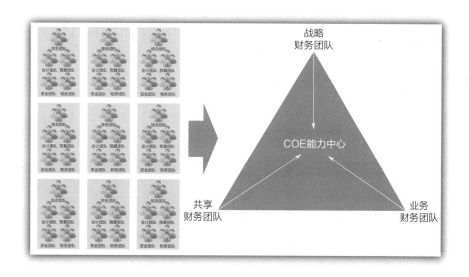

图 8-2　财务团队组织架构变化图

从前面的分析可以看出，财务共享中心的出现是财务数字化转型的开始，财务共享中心的建设和发展推动了财务业务布局的变化，相应地也推动了财务团队职能和架构的变化，这些变化为企业财务数字化转型打下了坚实的基础。

二、财务共享中心的发展和迭代

财务共享中心的出现标志着财务数字化转型的开始，财务共享中心是财务的业务中台，从成立开始，就会随着企业管理的不断升级而不断发展和迭代。这部分我们重点分析财务共享中心的发展和迭代。首先来看一个场景故事"李丽为什么想要辞职？"。

> **场景故事 8-2　李丽为什么想要辞职？**
>
> 李丽是一家集团公司的财务人员，三个月前，集团财务共享中心建设完毕，她随即被调入其中，负责费用报销业务的处理。从此，她的日常工作大致是这样的：
>
> 面前有两台电脑，左侧屏幕显示员工差旅费用报销单，右侧屏幕则是对应业务的扫描件，李丽的眼睛不时在两块屏幕间逡巡，核对信息无误后，按下审核通过按键。每天，这几个简单的动作她都要重复不下几百次。
>
> 电脑由一台升级为两台是李丽所说的办公设备升级，而工作时间被审单这类琐碎、乏味和不增值的机械化体力劳动填满，则是李丽口中的"个人价值降级"。

> 她感觉，共享中心不过是将集团旗下30多家公司的财务会计工作集中到一起处理了，工作流程和过去相比并没有太大变化。但分工的细化、作业的标准化，令她和同事们都陡然间从一名办公室白领变成了流水线上的蓝领工人。"再干下去我肯定废了！"在李丽心中，辞职的念头似乎越来越强烈……

在场景故事8-2中，李丽想要辞职的原因有这样几点：第一，李丽觉得工作内容枯燥重复，没有技术含量；第二，李丽觉得工作不能带来能力提升，如果继续这么做下去，她觉得自己都要废掉了；第三，未来随着科技发展，李丽也认识到，在标准化的流程下，简单重复的工作最终会被信息系统所替代，未来职业发展的希望就更加渺茫了；第四，从整个共享中心的运营看，效率没有明显提升，并没有达成共享中心建设时提出的提升效率和降低成本的目标，反而还会面对很多的质疑和投诉。综合以上四点，李丽对财务共享中心和自身的职业发展都没有信心，所以才会想到辞职。

李丽的故事是很多财务在共享中心建设初期都面临的一个困境，这一时期也会有不少团队成员提出辞职，我们再思考一下，财务共享中心会一直这样吗？答案是，财务共享中心建成后，会随着管理的提升而不断优化、发展和迭代，财务共享中心的发展过程，就是一个边打仗边建设边发展的过程。

如图8-3所示，财务共享中心的发展会经历四个阶段，第一个阶段是财务共享中心的基础建设阶段，第二个阶段是财务共享中心的扩展优化阶段，第三个阶段是财务共享中心的价值输出阶段，第四个阶段是财务共享中心的价值放大阶段，下面我们就来重点分析每个阶段的业务特点。

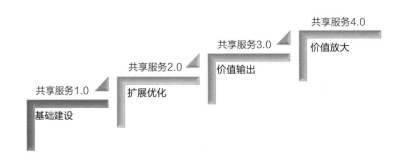

图 8-3　财务共享中心发展阶段示例图

1. 基础建设阶段

在财务共享中心建设初期，企业会对财务工作进行全面梳理，将财务工作划分为标准化流程、个性化流程和与业务相关的流程这三大类工作，如图 8-4 所示。

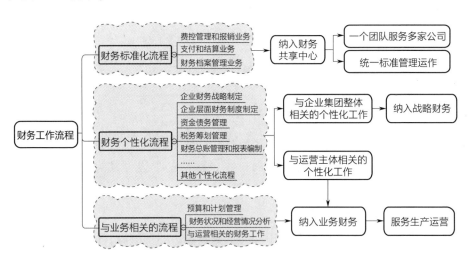

图 8-4　财务共享建设初期的财务工作分工图

基础建设阶段，财务共享中心通常会集中最具有标准化条件的业务，比如各公司的报账业务，各公司的出纳业务（也就是支付工厂业务），以及会计档案管理业务。这些业务的操作流程具有同质化特点，但各公司的具体流程和工作标准仍然存在差异，比如说报账业务中的差旅报销业务，每个公司的管理制度和管理流程是存在差异的，差旅补贴标准也存在差异，甚至各公司相关的业务系统（比如报账系统）也没有统一。

·在建设初期，企业财务团队在变革的同时，也要保证业务的平稳运行，不能因为变革导致业务或系统停摆，所以财务共享中心会把这些业务先僵化地接收过来，再不断进行优化和标准化。在这个阶段财务共享中心的业务内容和特点如图8-5所示。

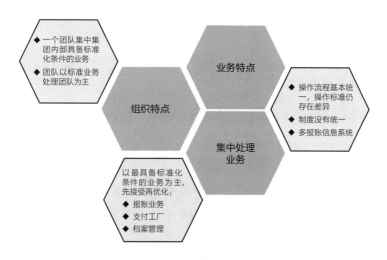

图8-5 基础建设阶段财务共享中心的特点分析图

在这个阶段，企业实际上是组建了财务共享团队来承接所有具备标准化、流程化条件的业务，就是简单地把处理这些标准化业务的人员集中起来，把业务集中起来统一进行操作，初期就是业务的简单集中管理。这个阶段的财务共享中心就是一个成本中心，主要任务是把业务集中并保证业务不断不乱、平稳过渡，这个阶段的效率提升和质量提升都比较有限，财务共享的会计信息对决策的支持也是非常有限的。所以在这个阶段，财务共享中心会面临很多团队管理方面的挑战，团队成员会发现接收了各个公司的同质化工作，但是因为流程标准的差异，工作会比较混乱，工作量将大幅度增加，但效率和质量并没有明显的提升，还会面临其他部门的投诉和抱怨，工作中没有成就感，也没有团队归属感，所以这个阶段的团队管理压力是最大的。

共享中心的建设是一项业务变更、也是一项组织变革，变革一定会带来诸多的挑战，所以在财务共享中心建设的过程中，企业高层要形成共识，一把手要有信心和决心，面对挑战要形成合力，才能将这项变革坚持推进下去。

2. 扩展优化阶段

共享中心并不是建设完成后就一成不变了，共享中心是以持续改善为核心文化的，所以会不断地发展迭代。

在扩展优化阶段，随着企业集团管理的不断提升，具备标准化条件的业务也会不断增加，相应地财务共享中心集中的业务范围也会进一步扩大。除了报账业务、支付工厂、档案管理业务外，企业会把应收应付管理、总账管理等业务交给财务共享中心集中管理。该阶段财务共享中心的特点分析图如图8-6所示。

对于财务共享中心来说，业务量的增长并不会带来团队人员的同步增加，人员增加的速度一定低于业务量增长的速度。在这个阶段，财务共享中心为

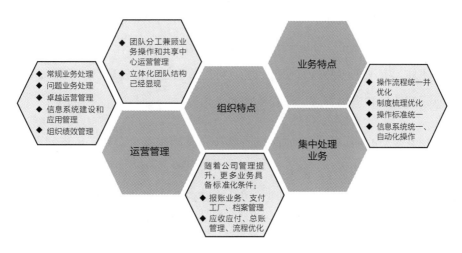

图8-6 扩展优化阶段财务共享中心的特点分析图

了提升效率、降低成本,就必须要对承接业务的工作流程和工作标准进行全面梳理和优化,并在此基础上推进流程统一、标准统一和制度统一,以工业化流水线生产的方式,对团队进行分工,实现每个岗位工作的标准化、流程化,在标准化基础上,共享中心可以借助信息系统固化标准流程,通过业务线上化,提高工作自动化水平,工作效率和质量都会大幅度提升。因此在扩展优化过程中,流程梳理也成为财务共享中心的一项重要工作。

这个阶段的财务共享中心已经度过了基础建设期最艰难的阶段,克服了初创阶段的各种挑战,但又面临着新的挑战,那就是不断增长的业务量和有限的团队规模之间的矛盾,这就要求财务共享中心必须通过管理提升实现进一步提升效率的目标。**一是**中心需要熟悉新承接的业务,规范业务流程,逐步实现业务标准化;**二是**中心还需要不断复盘已经成熟的标准化工作,找到流程的优化点,让流程运行更高效;**三是**要在流程标准化的基础上,提升流程复用度;**四是**充分利用信息系统固化已有流程,实现标准化业务在系统中的大规模、自动化处理;**五是**需要优化团队分工、加强团队的绩效管理,同时在实际业务中发现和培养团队人才。此时财务共享中心已经不再是一个单纯的业务操作主体了，而是成了一个管理业务、管理流程、管理团队的运营管理主体，有了更多的运营管理职能，可进行问题业务处理、组织绩效管理、信息系统建设和应用管理、流程梳理和优化等。

在共享中心建设初期，团队成员都扑在基础业务上，真正负责管理工作的只有共享中心的领导。而在扩展优化阶段，财务共享团队在分工上会兼顾业务操作和共享中心的运营管理，团队会分成两个部分，即业务处理团队和运营管理团队；业务处理团队又分为常规业务处理团队和问题业务处理团队，运营管理团队又分为组织绩效管理团队、系统建设和应用管理团队、流程梳理优化团队，立体化的团队组织结构已经产生了。立体化团队的产生给了团队成员更多的发展空间和发展机会，团队成员的成就感和归属感将变得更强，对财务共享中心的满意度会不断增加。

此时的财务共享中心仍然是一个成本中心，除了需要提高效率、降低成本，还需要做好服务，用优质的服务提升用户的体验。所以共享团队内还有一项非常重要的工作，就是与用户沟通，团队会把业务操作和咨询应答分离，设立专门的团队对于问题业务进行专门处理。在业务处理的过程中、新制度和流程出台前，都要做好用户沟通工作，取得用户的理解和支持，能够让共享中心业务运行得更顺畅。

3. 价值输出阶段

财务共享中心是一个不断发展和迭代的主体，在发展过程中，会不断面临并应对新的挑战。让我们看一下李丽故事的后续发展：

> **场景故事 8-3　李丽为什么想要辞职？（续）**
>
> 转眼间李丽已经到集团财务共享中心工作三年了，这三年中，财务共享中心进行了业务优化、流程梳理，李丽也在这个过程中成长为报账团队的负责人了。但是最近李丽团队却面临着很多新问题：
>
> - 随着新技术（流程机器人、物联网、AI）的应用，很多自动化流程正在替代财务共享中心的传统业务。
> - 数字化变革中，财务共享中心怎样才能为公司创造更多价值？
> - 尽管财务共享中心有专门的问题业务处理团队，但问题单据处理耗费了大量人工和精力，客户满意度仍然不高。
> - 随着数字化转型的深化，其他部门在转型中也有业务需要财务共享中心操作。

在数字化转型阶段，企业各部门的员工都面临着被新技术、新科技替代的挑战，财务共享中心因为承担了大量标准化、流程化的工作，大家就会更加担心系统替代的问题。对于财务共享中心来说，标准化工作确实会被机器所替代，如果继续操作那些简单、重复、标准化的工作，前景确实堪忧。但财务共享中心并不是建设好了就一成不变了，而是会随着管理提升不断增加新业务，也会不断优化内部管理和运营，随着企业数字化转型的深化，财务共享中心的职能在价值输出和价值放大阶段也会发生转型。

如图 8-7 所示，在价值输出阶段，财务共享中心开始承接更多财务业务，包括总账管理、报表出具、发票管理和纳税申报等工作；除此以外，还会承接一些非财务的标准化业务，比如商务单证处理等。业务量的增长意味着标准化工作的不断增加，但是在财务共享中心，标准化业务操作团队的人员却在持续下降，这些工作正在被系统和机器所替代；但同时，随着数字化转型的深入，企业也在建设更多系统，共享中心的系统建设、系统管理工作大幅增加，部分团队成员正在从标准化业务操作团队转型到系统管理团队。举个例子，现在的共享中心常常会引入流程机器人，这些流程机器人虽然替代了人工，操作很多标准化业务，但它们也是在特定流程和规则下工作的，当流程规则出现变化的时候，需要系统管理人员对流程机器人进行干预，让其保持良好的工作状态。所以流程机器人其实就是共享中心的数字员工，这些数字员工也需要被管理和监控，管理和监控的团队就是共享中心的系统管理团队。

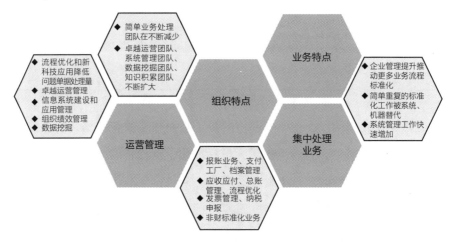

图 8-7　价值输出阶段财务共享中心的特点分析图

在用户服务方面，中心会充分利用新技术、新手段，提高问题业务处理的效率，在问题解决的过程中，做好知识积累、宣贯和复用，促使类似问题不再发生，或者发生后也能够快速解决。随着流程优化、系统建设和内外部集成，问题业务的数量会逐渐减少。以企业差旅报账业务为例，原来的模式是每个员工自行订票、安排住宿，自行报销，随着报账系统和采购平台（如携程平台、滴滴平台、华住平台等）的集成，改变了原有的差旅报账流程，员工申请出差后，不需要垫款，通过采购平台订票、订酒店，月底采购平台与企业进行结算，完成差旅报账，这样原来以员工为单位的逐单报销变成了企业与采购平台按月的统一结算，减少了报账业务数量和单据，提升了用户的体验。

在运营管理方面，财务共享中心中管理团队的人员不断增加，卓越运营管理、信息系统建设和应用管理、组织绩效管理、知识积累和复用等工作变得越来越重要，这些工作成了财务共享中心不断成长、不断发展和迭代的基础。

随着业务量的增长、系统的建设和应用，财务共享中心沉淀了大量的业务运行数据，把这些数据积累和应用起来，服务于企业的管理团队和决策者，就成了财务共享中心一个新的业务方向，在这个阶段开始进行数据积累、清洗、加工和应用的探索，尝试做一些分析方面的工作，比如费用分析和涉税分析等，这些分析工作已经开始为企业创造价值了。这个阶段的财务共享中心已经逐步成为赋能用户的智能化的团队了，正在从一个单纯的成本中心向价值中心转型。

随着承接业务的不断增加，财务共享中心不断发展迭代，也推动着企业财务团队工作内容的变化。

如图 8-8 所示，在整个财务工作流程中，随着管理提升，很多个性化工作流程进入到了标准化流程中，随着标准化工作的流程梳理和优化，系统替代的趋势不断增加，企业有了更多流程优化和知识积累的需求；在财务的个性化工作流程中，一部分是侧重集团战略管理的工作，另一部分是侧重集团整体规则制定的工作；在与业务相关的工作流程中，随着财务不断深入业务，这部分工作也在不断增加，归纳起来主要有服务运营、服务业务发展和把控运营风险三个部分。对应这三部分工作，财务的三个团队定位也越来越清晰，财务共享团队会逐步发展成为一个智能化的财务团队，战略财务团队会更好地服务公司整体战略规划和整体策略选择，业务财务团队会成为具有财务背景的业务专家，给业务提供实时服务，并帮助业务规范运行。

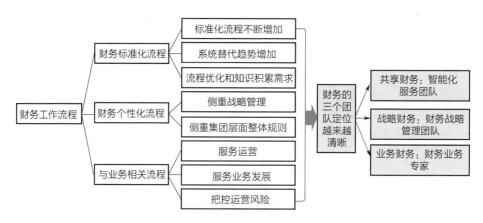

图8-8 三个财务团队的定位分析图

4. 价值放大阶段

财务共享中心到了价值输出阶段后，还会继续发展，进入价值放大阶段。

如图8-9所示，随着财务共享中心的能力不断提升，除了现有集团内部业务外，中心会开始承接外部业务。同时因为中心承担了信息系统的建设和应用管理，也承担了很多非财务的标准化工作，在企业数字化转型中，会相应地承担部分基本的数据治理工作，为企业的数据质量提升提供共享服务。

在完成不断增长的业务过程中，财务共享中心积累了大量的经验和知识，通过知识积累和沉淀，共享中心会利用技术能力将这些知识融合于流程，进行服务产品的开发设计，进一步赋能集团内外部的客户，这个阶段财务共享中心对外输出的价值在不断放大。

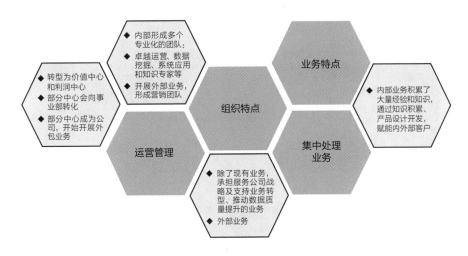

图8-9　价值放大阶段财务共享中心的特点分析图

在运营管理方面，财务共享中心已经在从价值中心向利润中心转型了，部分共享中心会转化成企业内部事业部，需要承担一些创收任务，会按照事业部方式推进运营和管理；还有部分共享中心会转化为公司，开展外包业务和对外服务业务，甚至还有部分共享服务公司会承担管理咨询外加系统实现的业务，会以独立公司的形式推进运营和管理。

在不断发展和迭代的过程中，财务共享中心内部会形成一系列专家团队，比如流程梳理和优化团队、数据治理和挖掘团队、组织绩效管理团队、财务专家团队、系统应用管理团队等，这些团队成为共享中心的核心价值，为共享中心转型成为企业卓越运营的赋能平台和数字化转型的业务中台打下了坚实的基础。

总结一下，在财务共享中心发展的四个阶段，每个阶段都有对应的目标和使命，如图8-10所示。

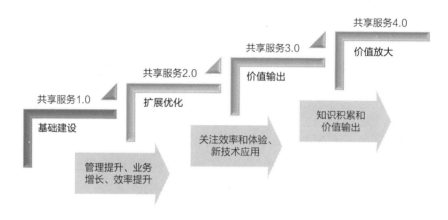

图8-10 财务共享中心发展的四个阶段的目标和使命

从基础建设到扩展优化发展的阶段，财务共享中心会重点关注业务增长和效率提升；从扩展优化到价值输出发展的阶段，会重点关注效率和体验、会用更多新技术提升用户体验；从价值输出阶段到价值放大发展的阶段，重点关注的是知识积累和价值输出。在不断发展过程中，财务共享中心实现了从成本中心向价值中心和利润中心的转型。

三、财务共享中心的发展推动财务团队转型

1. 财务共享团队的发展

前面我们重点分析了财务共享中心四个发展阶段的业务内容、运营管理和组织管理的特点。这个部分我们重点看一下四个阶段财务共享团队的成长

过程，如图 8-11 所示。

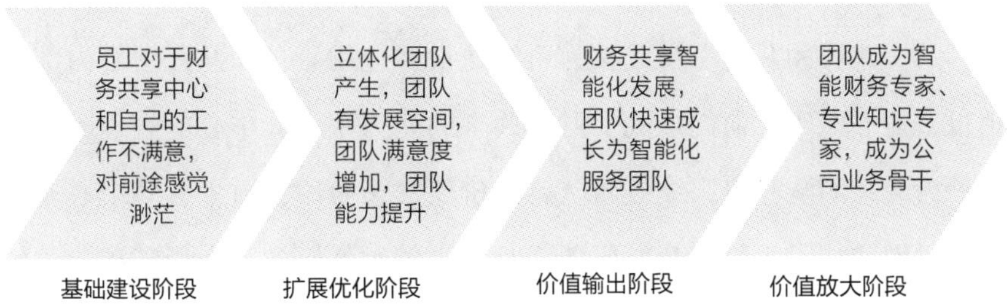

基础建设阶段	扩展优化阶段	价值输出阶段	价值放大阶段
员工对于财务共享中心和自己的工作不满意，对前途感觉渺茫	立体化团队产生，团队有发展空间，团队满意度增加，团队能力提升	财务共享智能化发展，团队快速成长为智能化服务团队	团队成为智能财务专家、专业知识专家，成为公司业务骨干

图 8-11　财务共享团队成长示例图

在基础建设阶段，共享团队对自己的工作和共享中心都不满意，工作中缺乏成就感和归属感，对职业前途感到迷茫；在扩展优化阶段，财务共享的立体化团队产生了，团队有了更多元的发展空间，随着业务量的增加和效率体验的提升，工作成就感不断增长，团队能力提升，满意度也不断增长；在价值输出阶段，财务共享向智能化方向发展，团队也不断成长，有了多元化发展空间，团队能力快速提升；在价值放大阶段，财务共享团队内部形成了一系列专家团队，如智能化财务专家、专业知识专家、卓越运营专家等，这些专家的能力成了财务共享的核心能力，专家团队也成了财务共享的业务骨干。

从结构来看，在四个阶段的发展过程中，财务共享团队的结构会发生重大的变化。

如图 8-12 所示，**在基础建设阶段**，基础业务处理团队的人员占比非常多，团队中还会有少量的流程优化人员和管理人员。**在扩展优化阶段**，尽管业务量增长了，但基础业务处理团队的占比却大幅度下降，流程优化团队和管理团队占比增加了，新增加了系统建设团队。**在价值输出阶段**，业务量仍在不断增长，但随着财务共享向智能化方向发展，基础业务处理团队的占比进一步大幅下降，流程优化团队逐步成长为卓越运营团队；随着系统建设和交付，系统建设团队进一步成长为系统建设和应用管理团队；中心内部会成长出很多业务专家，他们组成了财务共享的能力中心；中心的管理团队进一步成长为管理团队和组织绩效团队。**在价值放大阶段**，财务共享中心开始利用知识积累和技术手段，开发服务产品、提供对外服务，大量基础业务的处理由系统替代，基础业务处理团队会持续减少；中心会成长出一批数据专家，形成数据挖掘团队；同时为了适应外部业务需要，中心还会有一批服务用户的员工成长为营销团队，系统建设和应用管理团队，还会具备产品设计和开发的能力。

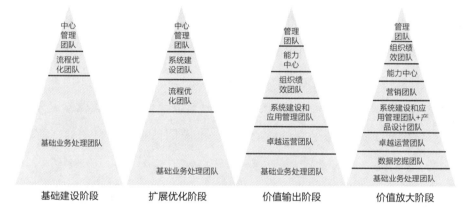

图 8-12 财务共享团队职能发展示例图

从财务共享团队发展结构可以看出，到了价值放大阶段，财务共享团队已经成了一个智能化的财务团队，具备财务、业务、技术、流程等多领域的实践经验，能够为财务共享成为财务业务中台提供有力的团队支撑。

2. 财务团队的发展迭代

财务共享中心的出现标志着财务数字化转型的开始,从财务共享中心的建设开始,企业财务工作的布局发生了重大变化,财务团队也从传统的一家企业对应一套完整职能的财务团队,转变为战略财务、业务财务和共享财务的三支柱团队结构。财务团队不仅在组织架构上发生了重大变化,在工作内容和工作职能上也在发生重大变化。

图 8-13 是财务团队最初的职能架构,在财务团队中,人数和业务量占比最高的部分是核算业务,企业通过财务核算真实完整准确地反映企业的财务状况、经营成果和现金流量,这是整个财务工作的基础和根本;在财务核算形成大量信息的基础上,财务分析团队会对财务信息进行分析说明,并结合分析结果提出建议;各业务板块的财务团队会根据财务分析的结果和建议,对业务运作发挥一定的影响作用;集团财务部和企业 CFO 则会从企业战略角

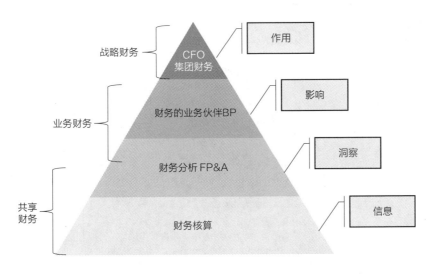

图 8-13 财务团队初始职能架构示例图

度和整体角度发挥财务作用。整个财务团队构成了一个正三角的金字塔结构，如果用财务团队三支柱的形式进行拆分的话，财务核算团队和纯数据分析的团队组合构成了企业的共享财务团队，形成洞察的分析团队和财务BP团队组合构成企业的业务财务团队，集团财务部和CFO则是企业的战略财务团队。

企业组建财务共享中心后，共享中心的属性就决定了这个团队不会停滞不前，财务共享团队的变化也会推动其他团队变革。

随着企业数字化转型的深化和管理水平的升级，大量标志性的财务共享工作会被新技术和数字化所替代。这时候我们的金字塔结构就会在工作量和团队人员两个层面发生分离，如图8-14所示，财务核算和财务分析的工作量并没有减少，但随着业务流程的梳理优化，这些工作中标准化的部分会越来越多，规模化、标准化和流程化的工作处理能使人员效率大幅提升，也能大大节约人力，所以在业务量金字塔结构的基础上，会有一部分工作被新技

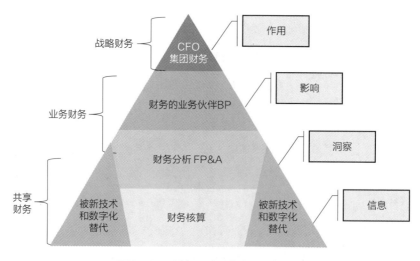

图8-14 财务团队职能变化示例图1

术和数字化所替代,在标准化操作和数字化替代的双重影响下,财务团队中基础核算人员就被释放出来了,这些人员只有转型才能适应新的变化。这个阶段释放出来的人员主要集中在共享财务团队,这时财务工作的架构仍是正三角金字塔结构,而财务团队架构则演变成了五边形结构。

随着数字化转型的进一步深化,核算工作转变为智能化财务工厂的主要工作,随着标准化工作占比的进一步增加,智能财务工厂中会有更多的工作被新技术和数字化替代。不仅如此,智能财务工厂会产生大量财务数据,企业会把各类数据汇集起来,形成企业的卓越数据中心,财务分析已经成为卓越数据中心中非常重要的一项职能了。企业的财务共享中心快速发展,会承接整个智能财务工厂以及卓越数据中心中部分数据治理和数据挖掘工作。从图8-15可以看出,共享财务的工作职能在向上发展,也就是把数据和分析中的基础性工作也纳入共享财务的职能中,共享财务会在数据采集和汇聚方面发挥作用,并利用技术能力在基础性数据挖掘中产生初步的洞察,业务财

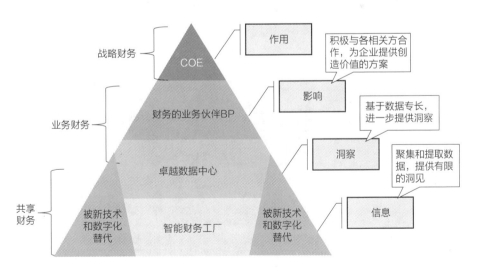

图8-15 财务团队职能变化示例图2

务团队提供支持,尽管工作量和职能在不断增加,但共享财务团队的人数并没有明显增加,这是因为更多标准化工作被新技术和数字化替代了。业务财务的部分职能正在被共享财务替代,团队发展面临新的挑战,需要积极拓展横向能力,通过业务团队合作,为业务提供价值创造方案。战略财务则会发展为财务核心能力中心,为企业整体战略规划和业务发展提供支持。这个阶段,财务团队工作职能架构仍然是正三角金字塔结构,只不过各部分职能有所变化,财务团队的架构则是五边形结构,随着系统替代的深入最下面变得越来越窄。

随着共享财务业务的不断发展,业务财务的部分标准化工作被纳入共享财务职能中,业务财务团队需要横向拓展财务职能,更好地服务企业集团业务的发展,推进业财更好地融合。所以在业务财务的工作内容中,就会增加服务业务的职能。这个阶段财务工作职能的架构发生了变化,在正三角金字塔结构的基础上增加了两个服务业务的倒三角;财务团队的架构也从五边形转变成了多边形架构(见图8-16)。

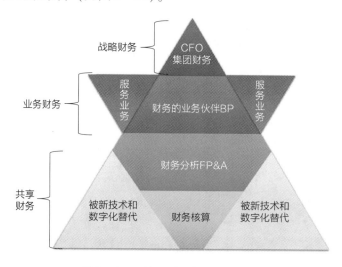

图8-16 财务团队职能变化示例图3

财务团队的发展不会止步，随着新技术的涌现，智能财务工厂中，越来越多的工作被新技术和数字化替代，智能工厂会向无人工厂发展，真正需要人负责的工作是管理数字员工。随着数据治理工作的深入和数据质量的提升，大量数据加工工作也在通过算法实现自动化，只有那些与业务本身相关联的洞察分析需要人工去完成。企业共享财务的职能进一步向上延伸，智能财务工厂和卓越数据中心成为共享财务的组成部分。业务财务团队除了服务业务，也会在市场预测和商业模式设计上进一步服务业务团队，业务财务团队将管理融入服务，成为与业务深度融合的服务型团队。随着共享财务的发展，企业的数据驱动能力有了大幅度提升，业务财务也实现了与业务团队的端到端融合，企业经营决策会更加敏捷和精准；共享财务和业务财务转型后，随着企业的发展，对战略财务会提出更高的要求，战略财务需要变更为企业战略决策的支持和服务团队，还需要参与企业的资源配置，提升资源使用效率，以及企业集团的全局性管理工作，比如政策制定、预算和业绩管理、全集团资金债务管理、企业资本运作等，这些工作能够帮助企业在战略方向选择、资源募集和筹措、资源高效布局等方面提前做好高层设计，抓住未来潜在的市场机会，不断发展壮大。所以在图 8-17 中，战略财务也在转型发展，工作内容进一步完善。

如图 8-18 所示，三个团队转型后，企业财务团队的工作内容和工作量是不断增加的，从正三角金字塔结构变成了正反两个三角交叠的结构，财务团队新增了大量服务业务、服务战略和决策方面的工作，基础财务核算和财务分析工作也转变为智能财务工厂和卓越数据中心的工作了，工作内容在发展和迭代。

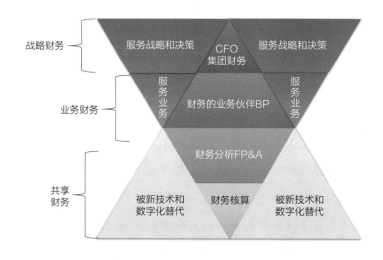

图 8-17　财务团队职能变化示例图 4

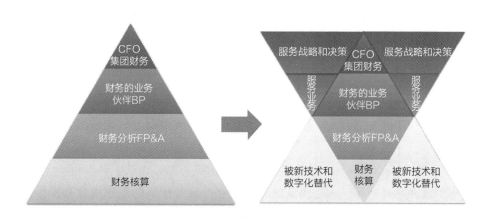

图 8-18　财务团队职能变化比较图

如图 8-19 所示，财务工作转型的同时，各团队自身也在转型，共享财务的职能不断向上延伸，承接了业务财务、战略财务的标准化工作，同时在数字化转型过程中，工作的重点从重复性工作操作向智能化管理和数据管理转型；随着标准化工作由共享财务团队承接，业务财务新增了大量服务业务

第八章 数字化转型推动财务团队变革

的工作，与业务融合度不断增强，实现了财务功能向业务端的横向协同；战略财务则在服务战略和决策上发力，横向上会和战略部门、人力资源部门，纵向上则与各个板块和公司更多地协同，支持企业的战略管理。财务团队的架构从正三角的金字塔结构转变为倒三角的金字塔结构。

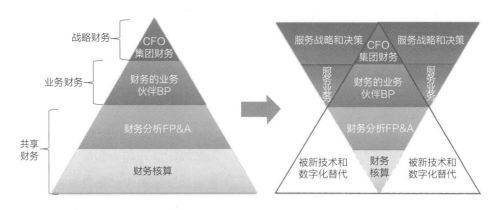

图8-19 财务团队人员变化示例图

四、财务数字化转型加速推动企业数字化转型

企业数字化转型的核心一是要实现全量、全要素的数据连接，以及数据的实时反馈；二是要通过对全量、全要素数据的加工整理分析，找到数据背后的动因，并指导企业战略决策、经营管理等各项活动。财务是企业天然的数据中心，财务的数字化转型是数字化转型的重要组成部分，也是企业数字化转型的重要推动力量。

1. 财务共享推动企业财务横向协同能力的提升

财务共享中心成立的初衷是为提升财务工作效率和质量，企业集团为了加强纵向财务管控能力，将财务工作中的同质化工作纳入财务共享中心进行集中管理，实现了一个财务团队服务多家公司的工厂化运作的模式，也大幅度提升了财务团队的纵向管理能力。财务共享成立后不断发展迭代，将同质化工作标准化，再将更多的同质化工作纳入共享进行标准化改造，通过引入新技术实现标准化工作的自动化，在工作量不断增长的同时，团队人数并没有大幅度增加，团队工作内容和结构不断变化，成为智能化的财务服务团队。在横向协同方面，财务共享发展过程中，会承接大量非财务业务，同时财务共享工作内容不断增加，帮助业务财务和战略财务释放出财务人力资源，让这两个团队将更多精力用于服务企业核心业务、服务企业战略决策、筹集资源服务核心业务、合理配合资源，这些新增的工作内容具有很强的协同性，推动企业的财务能力向横向协同方向发展。财务纵向管理能力和横向协同能力的发展，为企业打通纵向和横向的壁垒，推动端到端流程的建设提供了有力的支持和保障，而端到端流程的建设是企业信息系统互联互通的基础，为后续的全量、全要素的数据实时连接提供了保障。因此财务纵向能力和横向能力的提升有效推动了企业的数字化转型。

2. 财务数据治理推动企业数据的横向衔接

财务承担着企业价值管理的使命，是企业天然的数据中心。财务管理工作渗透到公司的战略管理、业务运营、行政管理和后勤保障等各个环节和各个层面，企业所有的经济行为，最终都要通过财务数据转化为企业的价值信息，财务的价值管理属性决定了财务数据本身具有非常强的协同性。财务推进预算管理和财务分析的过程目的是要解决业务发展和经营管理的实际问题，不能满足于就财务论财务，需要全量全要素的数据支持，所以财务会率先推进财务数据的治理，比如会计科目和会计核算的统一、业财融合的数据对照和管理等，这些都是财务数据治理中非常重要的工作，也是财务数字化转型的重要基础性工作。而财务的数据治理是企业数据治理中最重要的组成部分，根据对目前已经推进数据治理的企业的统计，在全部数据资产中，财务类数据资产占比约占五成以上，财务数据治理已成为企业数据治理的关键，财务数字化转型也已成为企业数字化转型中非常关键的一部分。

3. 共享平台赋能核心业务快速应对市场变化

财务共享的成功经验推动企业成立更多具有共享属性的平台，平台的共享职能使平台本身具有很强的协同性，能够同时为多个部门、多家公司、多个业务提供标准化的服务；在服务的同时，也能够通过标准化把业务流程衔接好，把数据协同起来，可以说共享平台不仅仅是一个单纯的服务平台，也是流程的枢纽和数据的衔接平台。不仅如此，共享平台从成立之初就承担着提升效率和质量的使命，要做到在人员没有明显增加、业务量不断增长的情况下保证工作质量稳定，知识积累和能力复用至关重要，而信息化和新技术又能够将知识和能力固化到系统中，实现能力的快速复用。在不断发展迭代的过程中，共享平台在实现自身能力复用的同时，也会不断输出自身的核心能力，努力为一线业务团队赋能，提升一线业务团队的能力。这样企业集团会逐渐形成前、中、后台的结构，共享平台就是连接前台和后台的业务中台，利用后台的信息和数据积累能力，赋能前台的业务团队，实现前台业务对市场变化的快速敏捷响应。

4. 财务团队成为数字化转型的主要力量

财务共享在不断发展过程中，会借助技术力量将标准化流程和积累的知识固化在信息系统中，因为需要不断对新增的业务进行承接并改造，使得共享财务团队具有很强的学习能力，特别是在财务与流程梳理、财务与技术衔接等方面具有很强的跨界能力；而业务财务团队因为需要深度服务业务，从业务需求挖掘到业务方案设计，到商务合同谈判，到业务流程衔接，再到业务结算等各个环节，业务财务都会成为业务最有力的支持，所以业务财务团队会在财务和业务运营、财务与商务设计衔接等方面具有很强的跨界能力；战略财务团队则在财务与战略管理、财务与资本运作、财务与组织管理等衔接的方面具有很强的跨界能力。企业数字化转型的基础是企业纵向流程的打通、横向流程的衔接，这其中就需要跨界人才的储备和支持，财务团队在财务数字化转型过程中，已经成为财务与多领域跨界的人才，也成了企业数字化转型的重要团队力量。